# MIAMI
## Cartoville **Gallimard**

W0205045

Éditorial

Avec son climat **subtropical**, ses spectaculaires **plages** de sable immaculé et ses hôtels à la mode, Miami véhicule une image de métropole glamour. Érigée sur un marécage, elle prit son essor dans les années 1950, avec l'arrivée de **Latino-Américains** en quête d'une vie meilleure, d'Européens ayant quitté l'Ancien Continent après la guerre, et de Cubains fuyant le régime de Fidel Castro. Florissante aujourd'hui avec ses quelque 5,5 millions d'habitants, **"Magic City"** figure au septième rang des villes nord-américaines. Au-delà du bling-bling des limousines, de l'élite branchée et de la vie **nocturne** trépidante, Miami compte autant de visages que de quartiers : ultra hype dans le quartier Art déco de **South Beach**, bohème à **Coconut Grove**, latine à **Little Havana**... Avec 70% de sa population d'origine sud-américaine, la ville se distingue par sa diversité ethnique et son métissage. Une *Latino touch* qui ne fait qu'ajouter à sa richesse... Côté culture : plus de 15 musées et le 2e **Opéra** du monde par la taille, des galeries d'art, de designers ; et chaque année, la prestigieuse foire internationale d'art contemporain Art Basel, qui accueille près de 5 000 artistes. Pour échapper à la ville, les environs de Miami sont un véritable paradis naturel : l'immense parc national des **Everglades**, à l'ouest, refuge d'ibis, de pélicans, de tortues, d'alligators, et, sorte d'apothéose de la péninsule, l'archipel des **Keys**, paradisiaque. Avec **Cartoville**, la ville s'ouvre à vous !

# Bienvenue à Miami !

A Downtown
B South Beach
C Coconut Grove
D Coral Gables
E Little Havana
F The Keys

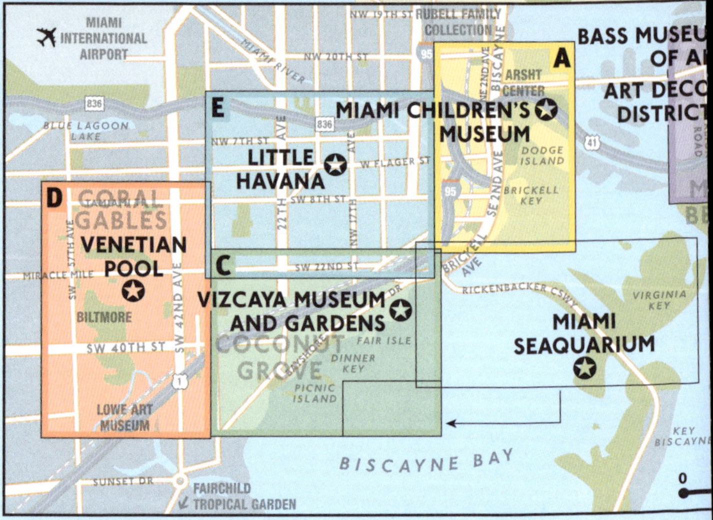


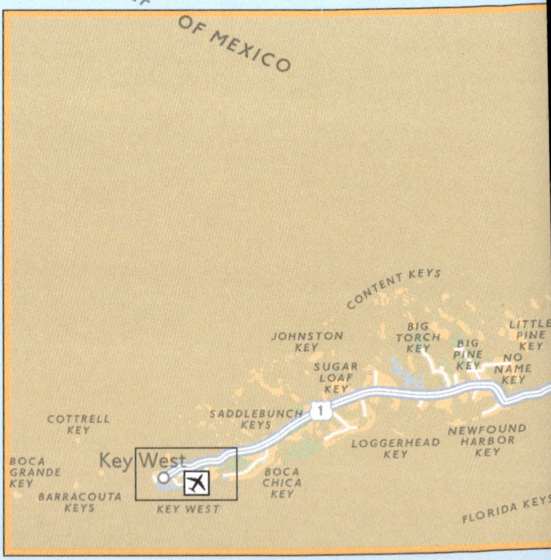

## CARTE DE VISITE

- La Floride est le 4e état des États-Unis par sa population
- 2,4 millions d'hab. à Miami-Dade County, (73 000 dans les Keys)
- L'Everglades National Park englobe 25% de la région marécageuse des Everglades, soit 6 105 km²
- 10 millions de touristes par an visitent le Grand Miami (3,6 millions aux Keys)
- Hivers doux : 24 °C en jan. ; étés chauds et pluvieux : 31 °C en août.
- Saison des ouragans : juin-nov.
- Monnaie : US $

**LA LIGNE D'HORIZON DE MIAMI**

**FREEDOM TOWER**

## INTERNET

→ *www.nps.gov/ever*
Site officiel de l'Everglades National Park.
→ *www.seminoletribe.com*
Écotourisme, musées, restaurants et jeux d'argent avec les Indiens Séminoles.
→ *www.miamiherald.com*
Site du journal *Miami Herald*.

## INFORMATIONS TOURISTIQUES

**Formalités**
Pour les Français : passeport biométrique ou à lecture optique délivré avant le 26 oct. 2005. Sinon : visa obligatoire.
Pour les personnes n'ayant pas besoin de visa, il faut remplir en ligne un formulaire d'autorisation, au plus tard 72h avant le départ et... s'acquitter de 14$ :
→ *https : //esta.cbp.dhs.gov*

**Offices du tourisme**
Greater Miami Convention & Visitors Bureau (**A** B5)
→ *701 Brickell Avenue (7th Street), Suite 2700*
*Tél. (800) 933-8448 ou (305) 539-3000*
*www.miamiandbeaches.com*
Florida Keys Visitors Bureau
→ *Tél. (800) FLA-KEYS*
*www.fla-keys.com*

## TÉLÉPHONE

**Indicatifs**
France / Miami et les Keys
→ *00 + 1 (indicatif des USA) + 305 (indicatif de Miami et les Keys) + nº de tél. à 7 chiffres*
Miami et les Keys / France
→ *011 + 33 (indicatif de la France) + numéro du correspondant (sans le 0)*
Appel local
→ *305 (indicatif de Miami et les Keys) + nº de tél.à 7 chiffres*
Appel national
→ *1 + indicatif à 3 chiffres de la région*
**Numéros utiles**
Police, ambulance, pompiers
→ *Tél. 911*
Opérateur international
→ *Tél. 0*

## CALENDRIER

**Jours fériés**
→ *1er jan., 3e lun. de janvier (anniversaire de Martin Luther King Jr), 3e lun. de février (anniversaire de Georges Washington), dernier lun. de mai (Memorial Day), 4 juil. (Independance Day), 1er lun. de sep. (Labor Day), 2e lun. d'oct. (Columbus Day), 11 nov. (Veteran's Day), 4e jeu. de nov. (Thanksgiving), 25 déc. (Noël)*
**Toute l'année**
Viernes Culturales
→ *Dernier ven. du mois*
Fête populaire en plein air à Little Havana (**E**).

**Janvier-février**
Art Deco Weekend
→ *Un w.-e. mi-jan.*
Festival célébrant les années 1930 et les chefs-d'œuvre d'architecture Art déco de South Beach (**B**).
Pigeon Key Art Festival
→ *Un w.-e mi-fév.*
Foire artistique de deux jours à Marathon (**F** D2).
Coconut Grove Arts Festival
→ *www.coconutgroveartsfest com Un w.-e mi-fév.*
Foire artistique en plein air à Coconut Grove (**C**).
South Beach Wine & Food Festival
→ *3e w.-e. de fév.*
**Mars**
Miami International Film Festival
→ *Une sem. début mars*
Films internationaux à Sou Beach, avec large place aux réalisations latino-américaines.
Calle Ocho Festival
→ *Un dim. mi-mars*

# Les incontournables

## Les 10 lieux de visites à ne manquer sous aucun prétexte !

✪ **Miami Children's Museum (A** D2)
Plutôt qu'un musée, c'est un grand terrain de jeu éducatif où les adultes autant que les enfants s'instruisent tout en s'amusant et en créant. 14 galeries proposent des expositions interactives à thème, permanentes ou temporaires, comme explorer les coulisses d'une banque, plonger dans la mer ou découvrir une île aux pirates... Les spectacles raviront également toute la famille.

✪ **Ocean Drive (B)**
Impossible de résister à un après-midi de farniente sur les plages de sable fin de South Beach, ou d'ignorer l'animation d'Ocean Drive (**B** C3), cette fameuse allée bordée de palmiers et de clubs branchés. L'ambiance est toujours à la fête dans ce coin très en vogue, rendez-vous de la jet-set : plages privées, restaurants tendance ou bars dansants... Pour voir et être vu !

✪ **Art Deco District (B)**
Classé site historique national en 1979, ce quartier regorge de bijoux architecturaux. Dans les années 1920-1940, plusieurs centaines d'immeubles colorés et souvent ornés de néons furent érigés, qui ont été récemment restaurés. À voir, les hôtels d'Ocean Drive ou Collins Avenue, tels que le Colony ou le Chesterfield Hotel (**B** C4).

✪ **Bass Museum of Art (B** C1)
Un bâtiment Art déco de 1930, prolongé par une aile de style post-moderne... Ce contraste architectural reflète dès le premier regard la diversité des collections qui y sont exposées. Peintures (dont Rubens), tapisseries, sculptures du XV<sup>e</sup> au XXI<sup>e</sup> s. venant du monde entier, et des expositions temporaires surprenantes.

✪ **Vizcaya Museum and Gardens (C** F2)
L'ancienne demeure du milliardaire James Deering constitue l'un des plus beaux exemples du luxe de Miami. Construite en 1916, cette pompeuse résidence posée sur l'eau se veut à l'image des palais de la Renaissance italienne, tant dans l'architecture que dans la décoration intérieure et extérieure. Un parc luxuriant l'entoure, parsemé de fontaines et de statues, pour la plupart importées d'Europe.

✪ **Miami Seaquarium (C** F4)
Ouvert en 1955, le plus grand aquarium du sud de la Floride a prêté ses acteurs principaux à la série télévisée *Flipper le dauphin*. Nombre de leurs descendants, rejoints par des phénomènes comme l'orque Lolita, continuent d'enchanter les enfants lors de leurs spectacles aquatiques. Mais l'on n'oublie pas pour autant les bassins des crocodiles, des requins ou des otaries !

✪ **Venetian Pool (D** C3)
La lagune de Venise dans un paysage exotique ! Quoi de plus agréable que de nager dans les eaux rafraîchissantes de cette piscine créative, fréquentée dans les années 1920 par les plus grandes stars, comme la nageuse-actrice Esther Williams ou l'acteur et ex-champion olympique de natation Johnny Weissmuller ? Encadré par une végétation luxuriante, ce décor aux couleurs d'Italie offre un espace au calme avant une soirée dans les rues de South Beach ou de Little Havana.

✪ **Little Havana (E)**
Véritable enclave latino-américaine, ce quartier aux murs peints de couleurs vives est un passage obligé pour tout amateur de culture hispanique. Là se regroupe une population immigrée depuis les années 1960, où l'on y fume des cigares, joue aux dominos au Domino Park (**E** E3), admire les toiles d'artistes ou savoure la cuisine traditionnelle cubaine. L'on y danse aussi, notamment lors du Calle Ocho Festival ou des Viernes Culturales, idéaux pour passer une authentique soirée cubaine !

✪ **Everglades National Park**
À 56 km de Miami, cette zone humide classée au patrimoine mondial de l'Unesco se distingue par une flore et une faune d'une diversité inégalée. Afin d'apercevoir les espèces de près, des chemins balisés permettent d'y randonner à pied, ou à vélo en présence de *Rangers*. On peut aussi se laisser porter par l'un des ces typiques bateaux à hélice (*airboats*), dans un circuit guidé.

✪ **The Keys (F)**
Toutes reliées par une route, les 45 îles de l'archipel sont devenues une destination privilégiée dans les environs de Miami. Que ce soit en kayak, dans un parc naturel, en plongée, ou tout simplement sur la plage à admirer le coucher du soleil, chacun y trouvera son bonheur. Au terme de 4h de route, l'on se reposera sur Key West (**F** A2), un paradis tropical où règne un mélange unique de charme du Sud et de culture américaine. Cette île, ancien repaire de pirates et de chercheurs d'épaves, a su séduire notamment Hemingway et le président Truman, dont on ne manquera pas de visiter les maisons (**F** B3-B4).

Miami pratique ⤴

## VISITES GUIDÉES

**Duck Tours South Beach (B C2)**
→ *1661 James Ave*
*Tél. (305) 673-2217*
Véhicule amphibie qui fait le tour de Miami par voie de terre et de mer autour de Biscayne Bay.
**Walking Tour of Art Deco Buildings (B C3)**
→ *Official Art Deco Gift Shop, 1001 Ocean Drive (12th St)*
*Tél. (305) 672-20 14*
*Ven.-mer. 10h30 ;*
*jeu. 18h30 Durée 1h30*
Pour tout savoir, en se baladant à travers la ville, sur l'Art déco et les styles néoméditerranéens qui font la renommée de South Beach.

BILTMORE HOTEL

## SPORTS NAUTIQUES

Sorties de plongée sous-marine – avec masque et tuba ou oxygène – peuvent facilement être organisées par les nombreux magasins d'accessoires de plongée ou les marinas.
Les meilleurs spots : **John Pennekamp Coral Reef State Park,** au large de Key Largo **(F** F1), **Looe Key National Marine Sanctuary (F** C2), dans les Lower Keys, et les eaux autour de **Key West (F** A-F3). Sans oublier kayak de mer, jet ski, pêche sportive... Compter 25-30 $ pour 2h30.

Culture latine et carnaval, sur la Calle Ocho **(E)**.
**Avril-juin**
**Miami Gay and Lesbian Film Festival**
→ *10 j. fin avr.*
**Bahamas Goombay Festival**
→ *4 j. début juin*
À Coconut Grove, le plus grand festival afro-américain des États-Unis.
**Juillet**
**The International Mango Festival**
→ *2e w.-e. de juil.*
Toutes sortes de mangues au Fairchild Tropical Garden (hors plan **D** B6) : dégustations, ateliers...
**Hemingway Days Festival**
→ *6 j. mi-juil.*
À Key West **(F)**, lectures, tournois de pêche, concours de nouvelles...
**Lower Keys Underwater Music Festival**
→ *Un sam. mi-juil.*
À 9 km au sud de Big Pine Key **(F** C2).

**American Black Film Festival**
→ *3 j. mi-juillet*
À South Beach.
**Septembre**
**International Ballet Fest of Miami**
→ *2 sem. fin août-début sep.*
Partout dans la ville, ballets de 25 compagnies internationales.
**Octobre**
**Fort Lauderdale Boat Show**
→ *Un w.-e. fin oct.*
Un des plus grands shows de bateaux au monde, à Fort Lauderdale.
**Novembre**
**Miami Book Fair International**
→ *Une sem. mi-nov.*
À Downtown **(A)**, la plus grande foire du livre des États-Unis.
**Décembre**
**Art Basel Miami Beach**
→ *3 j. début déc.*
Version américaine de la célèbre foire d'art contemporain suisse, qui accueille des œuvres du monde entier. La plus importante manifestation artistique du pays.
**Winterfest Boat Parade**
→ *Un sam. mi-déc*
Défilé de bateaux à Fort Lauderdale.

## HORAIRES

**Restaurants**
→ *En général, 12h-14h30, 19h-22h*
*Brunch le dim. 10h-14h*
Miami vit la nuit : plusieurs bars et night-clubs servent à dîner jusqu'à l'heure de fermeture (entre 23h et 5h).
**Bars**
→ *Ouverts jusqu'à 5h dans le centre et 2h dans les secteurs résidentiels*
**Magasins**
→ *En général, lun.-sam. 9h/10h-18h (au minimum) Horaires réduits le dim. (12h-18h) Certains magasins ouvrent 24h/24*
**Centres commerciaux**
→ *Lun.-sam. 9h-21h, dim. 10h-17h*
**Banques, bureaux administratifs**
→ *Lun.-ven. 9h-16h*
**Musées**
→ *En général, 9h-18h, avec un jour de fermeture hebdomadaire*

## BUDGET

**Change**
Dans les banques, aéroports et hôtels.
**Cartes de crédit**
Distributeurs dans toute la ville. Cartes Visa, Mastercard et American Express acceptées partout.
**Taxes**
Taxe de 7 % sur tous les achats et de 12 % sur le prix des chambres d'hôtel.

Fort Lauderdale
595
75
Hollywood
BROWARD
27
Carol City
1
THE EVERGLADES
Hialeah
95
9
997
821
41
Miami
SHARK VALLEY
1
BISCAYNE BAY
DADE
Kendall
821
EVERGLADES NATIONAL PARK
Homestead
Florida City
1
WHITEWATER BAY
CAPE SABLE
WEST LAKE
SEVEN PALM LAKE
Flamingo
EAST CAPE
F
KEY LARGO
FLORIDA BAY
PLANTATION KEY
RODRIGUEZ KEY
WINDLEY KEY
Plantation
SHELL KEY
Islamorada
UPPER MATECUMBE KEY
LIGNUMVITAE KEY
INDIAN KEY
Lower Matecumbe
Leyton
1
LONG KEY
KEY VACA
DUCK KEY
COLONY KEY
Marathon
BOOT KEY
YS
STRAITS OF FLORIDA
ATLANTIC
OCEAN
iles
0 10 12.4 miles 20 km
1/1 150 000 - 1 cm = 11,5 km

SOUTH BEACH

VENETIAN POOL

MIAMI SEAQUARIUM

LA MARINA ET DOWNTOWN

ÉCO DISTRICT

ART DÉCO DISTRICT

e terre croustillantes.

**ock shrimp**
Crevettes servies avec un condiment à base de maïs rôti et de mangue.

**Frita**
Hamburger cubain présenté dans un pain rond recouvert de fines lamelles de pommes de terre.

**Pargo entero frito con salsa de mango**
Rouget entier frit avec de l'ail, du jus de citron vert et du cumin, accompagné d'une sauce à la mangue.

**Yellowtail snapper**
Vivaneau à queue jaune : un poisson local à la chair proche du rouget.

**Fried gator nuggets**
Les Indiens Séminoles et Miccosukees mangent de l'alligator depuis des siècles.

**Conch chowder**
Soupe de Key West importée des Bahamas : conques en morceaux, tomates, pommes de terre, oignons et poivrons verts.

**Empanadas**
Beignets de viande, fromage, poisson...

### Desserts, cocktails

**Key lime pie**
Le dessert incontournable de Floride du sud : une crème à base de jaunes d'œuf, lait condensé et citron vert des Keys sur une pâte de biscuit et beurre.

**Tres leches cake**
Cake aux trois laits d'origine nicaraguéenne, à base de lait condensé, lait en poudre, crème, sucre et sirop de maïs.

**Mojito**
Cocktail à base de rhum blanc, jus de citron vert, menthe et sucre.

## SORTIR

### La nuit

Les bars le long de la plage sont très fréquentés par les touristes, tandis que ceux à l'intérieur des terres le sont moins. South Beach, l'un des lieux les plus en vue des États-Unis, voit défiler une population très branchée, d'où des tarifs qui grimpent ! Dans une discothèque ou un bar de nuit, compter 10 à 50$ pour une entrée.

### Musique

La musique de Miami est à l'image de sa population, très variée. Les clubs vibrent au son de l'électro ou du hip-hop ; dans les bars, le choix tend plutôt vers le rock et le reggae, tandis que Little Havana vit au rythme du merengue, de la salsa et de la samba. Ambiance plus calme dans les Keys, où les chansons rock-folk de Jimmy Buffett sont légendaires.

## ARCHITECTURE

### Art déco, style international

Dans les années 1920-40, Miami Beach est un royaume de l'Art déco : arrondis et douces couleurs pastel, frises en bas-relief et néons. Un look symbolisant modernisme, fièvre urbaine et frivolité subtropicale... Henry Hohauser (1895-1963) et L. Murray Dixon (1901-1949), les architectes les plus prolifiques de Miami, ont à leur actif un grand nombre d'édifices Art déco et de style international (également appelé mouvement moderne). Hohauser en réalisa 400, dont, en 1935, **The Edison (B** C4). Dixon conçut **The Marlin (A** D1), **The Victor (B** C3) et le **Ritz Plaza (A** D1). Autres architectes d'hôtels célèbres : Roy France (The National), Igor Polevitsky (The Albion), Anton Skislewicz (The Ocean Surf) et Albert Anis (The Clevelander).

### MiMo

Juste après la période Art déco, le style MiMo (Miami Modern) fait son apparition. Son porte-parole, Morris Lapidus (1902–2001) fut souvent critiqué pour ses réalisations aux formes courbes, ses plafonds flottants et ses éclairages théâtraux, caractéristiques de son architecture kitsch et joyeuse. Le **Fontainebleau** (hors plan **B** D1) et l'Eden Roc (hors plan **B** D1) sont ses créations les plus célèbres.

## ÉCHAPPÉES

**Spanish monastery**
→ *16711 W Dixie Highway (North Miami Beach)*
*Tél. (305) 945-1461 Lun.-sam. 10h-16h ; dim. 11h-16h*
En 1925, le magnat de la presse écrite William R. Hearst acquit le cloître (XIIe s.) du monastère de Saint-Bernard-de-Clairvaux en Espagne. Il souhaitait en expédier les 35 000 pierres chez lui en Californie, mais les 11 000 caisses contenant l'édifice en pièces détachées atterrirent par hasard à New York. Racheté en 1952, il fut remonté ici, dans un jardin.

**Seminole Casino**
→ *4150 North State Road 7 (Hollywood)*
*Tél. (954) 961-3220*
*Tlj. 24h/24*
Un gigantesque casino : 2 300 machines à sous, 40 tables de poker, etc. Sur place, un hôtel de 12 étages avec piscine, un bar dans l'eau et un Hard Rock Cafe.

**Fort Lauderdale Museum of Art**
→ *1 E Las Olas Boulevard*
*Tél. (954) 525-5500*
*Mar.-mer., ven.-sam. 11h-17h ; jeu. 11h-20h ; dim. 12h-17h*
Ce musée d'art se dresse à l'extrémité de Las Olas Boulevard. Œuvres d'artistes américains et européens du XXe s., dont l'impressionniste William Glackens, la plus grande collection d'art expressionniste Cobra des États-Unis, ainsi qu'un gigantesque fonds de photos haïtiennes et cubaines.

ÉCHAPPÉES

**Budget**
**Se loger**
Une chambre double : 80$-1 000$ selon les catégories.
**Se restaurer**
Il est possible de bien manger pour 5$. Les prix indiqués dans ce guide valent pour un plat principal.
**Musées**
Une entrée : 5$ à 25$.
**Pourboire (tip)**
Dans restaurants et bars, l'usage est de laisser 15 % du montant de l'addition (20 % pour service exceptionnel). Dans certains établissements, le service est compris (*gratuity*).

## SE RESTAURER

**Habitudes alimentaires**
Répandus à Miami : poissons, fruits de mer et plats sud-américains épicés, et les incontournables pizzas, hamburgers et steaks. De plus en plus en vogue, les repas sains et équilibrés, surtout à proximité des plages. Une cuisine dite "floribéenne", exotique et légère, s'est développée depuis peu : un mélange d'épices, de fruits des Caraïbes (mangue, orange, papaye, avocat, plantain) et de mets classiques de Floride. Dans les Everglades, quelques restaurants proposent les plats traditionnels des Indiens Séminoles et Miccosukees.

**Quelques plats**
**Stone crab**
Tourteau local, pêché d'avril à mai. Bouilli, on en consomme surtout les pinces, froides, avec de la mayonnaise.
**Mahimahi (dauphin)**
Servi grillé avec de la salsa, des achards ou une fine couche de pommes

**Fort Lauderdale Beach**
→ *Fort Lauderdale Beach Boulevard (State Road A1A)*
*www.sunny.org*
Dans les années 1960 et jusqu'à la fin des années 1980, des milliers d'étudiants se donnaient rendez-vous sur cette plage pour le Spring break. Les autorités mirent le holà à cette pratique. Aujourd'hui Fort Lauderdale Beach est fréquentée par un mélange éclectique de personnes d'âges et de nationalités divers. Après la plage, il fait bon s'installer dans les cafés-trottoirs, les bars et les restaurants ou rejoindre les cyclistes et les piétons qui arpentent la promenade.

**The Elbo Room**
→ *241 S Fort Lauderdale Boulevard*
*Tél. (954) 463-4615*
*Tlj. 10h-2h*
Un des bars de plage les plus connus de la région, ouvert en 1938 à l'angle du South Atlantic Boulevard et de Las Olas Boulevard, la "Rodeo Drive" de Fort Lauderdale. Plusieurs films y ont été tournés. Concerts de rock, reggae et calypso jour et nuit.

**Stranahan House**
→ *335 SE 6th Avenue*
*Tél. (954) 524-4736 Visites guidées : tlj. 13h, 14h, 15h*
Ancien comptoir de commerce avec les Indiens Séminoles, une demeure de style vernaculaire de Floride, élevée au début du XXe s. Visite guidée de ses pièces, meublées dans le goût victorien d'alors.

RUBBELL FAMILY COLLECTION

AMERICAN AIRLINES ARENA

★ **Miami Art Museum (A** A4)
→ *101 W Flagler Street*
*Tél. (305) 375-3000*
*Mar.-ven. 10h-17h ; w.-e. 12h-17h*
Une collection permanente à voir absolument : elle met l'accent sur les œuvres d'artistes d'après-guerre comme Frank Stella, James Rosenquist ou Francesco Clemente.

★ **History Miami (A** A4)
→ *101 W Flagler Street Tél. (305) 375-1492 Lun.-mer., ven. 10h-17h ; jeu. 10h-21h ; dim. 12h-17h*
Douze mille ans de l'histoire du sud de la Floride et des Caraïbes : l'occasion d'en savoir plus sur le mystérieux Miami Circle et les différentes populations ayant vécu sur la pointe de la péninsule et sur les îles avoisinantes. Un tramway de 1920 et des activités interactives font la joie des enfants.

★ **Dade County Courthouse (A** B4)
→ *73 W Flagler Street Tél. (305) 275-1155 Lun.-ven. 9h-16h*
Autrefois l'immeuble (1928) le plus élevé au sud de Washington DC et hôtel de Ville, aujourd'hui siège de la cour d'assises et d'autres tribunaux. Au 2e étage, une fresque représentant l'évolution de Miami de l'état sauvage à la modernité.

★ **Gusman Center for the Performing Arts (A** B4)
→ *174 E Flagler Street*
*Tél. (305) 374-2444*
*www.gusmancenter.org*
Bâtiment de style hispano-mauresque construit par Paramount Pictures en 1925. Événements, pièces de théâtre et concerts dans une salle au décor de patio espagnol.

★ **Gesù Church (A** B4)
→ *118 NE 2nd Street*
*Tél. (305) 379-1424 Tlj. 8h-17h*
La plus ancienne église catholique de Miami : un édifice de quatre étages, jaune et rose saumon, bâti au début des années 1920 dans un style hispano-colonial. À l'intérieur, 16 vitraux de facture allemande, des paravents d'autel en marbre sculpté et de superbes peintures murales.

★ **American Airlines Arena (A** C3)
→ *601 Biscayne Boulevard*
*Tél. (786) 777-1000*
*www.aaarena.com*
Le quartier général de l'équipe de basket-b Miami Heat, mais aussi une salle de concert où se produisent les pl grandes stars du show-business, comme Madonna. À côté, Freec Tower, inspirée de la

GUSMAN CENTER FOR THE PERFORMING ARTS

MIAMI ART MUSEUM

MIAMI CHILDREN'S MUSEUM

**A**

## Downtown

**Sa beauté et l'ambiance qui y règne ont valu à Miami le surnom de Magic City, la Ville magique ! Downtown Miami, jadis petite agglomération de 2,5 km au bord du fleuve Miami, est aujourd'hui un centre d'affaires, de divertissement et de tourisme grouillant de monde. À lui seul, le comté de Miami-Dade concentre la plus grande proportion d'immigrés du pays, heureux brassage de croyances et de cultures, venus de l'intérieur des États-Unis et de partout ailleurs. Ici, les gratte-ciel élancés, avec la baie de Biscayne en toile de fond, offrent un tableau saisissant de puissance et d'élégance, surtout la nuit à la lueur vibrante des néons.**

**BUBBA GUMP**

**CAPITAL GRILLE**

### RESTAURANTS

**Bubba Gump Shrimp Co. (A** B3)
→ *401 Biscayne Boulevard*
*Tél. (305) 379-8866*
*Lun.-jeu. 11h30-23h, ven.-sam. 11h30-0h*
Le plat vedette de ce restaurant de poisson et de fruits de mer dédié au héros du film *Forrest Gump* : les crevettes, préparées à mille et une sauces ! Aussi des hamburgers et des sandwichs. Carte 11-20$.

**Tony Chan's Water Club (A** C1)
→ *1717 N Bayshore Drive*
*Tél. (305) 374-8888 Lun.-jeu. 11h30-23h ; ven. 11h30-0h ; sam. 12h-0h ; dim. 12h-23h*
Le table du Doubletree Grand Hotel : sushis, canard pékinois, caille *yu pan* et crevettes géantes – salées ou au miel et aux noix – à déguster devant les fenêtres panoramiques dominant la baie de Biscayne. Carte 12-25$.

**Michael's Genuine** (hors plan **A** B1)
→ *130 NE 40th Street*
*Tél. (305) 573-5550 Lun.-jeu. 11h30-15h, 17h30-23h ; ven. 11h30-15h, 17h30-0h ; sam. 17h30-0h ; dim. 17h30-22h*
Le mouvement *slow food* a trouvé un nouvel ambassadeur en la personne de Michael Schwartz, élu en 2010 Meilleur Chef du sud des États-Unis par la James Beard Foundation. Les plats qui mijotent dans l'âtre ou dans la chaleur d'un four à bois sont concoctés à partir des produits frais fournis par de petits producteurs locaux. Salade d'oreilles de cochon, poulpe grillé, épaule de porc (la fierté maison)... en version, au choix, petite, moyenne ou grande ! Belle carte des vins. Carte 12-36$.

**SRA. Martinez**
(hors plan **A** B1)
→ *4000 NE 2nd Avenue*
*Tél. (305) 573-5474 Lun.-jeu. 12h-15h, 18h-23h ; ven. 12h-15h, 18h-0h ; sam. 18h-1h*
Grand nom de la cuisine du sud de la Floride, la chef-propriétaire Michelle Bernstein crée sur le thème des tapas, avec une pincée d'influences latines. Ses spécialités : les calamars sur lit de riz noir et le serrano, délicieux avec sa confiture de figues et ses amandes marcona. Carte 12-39$.

**Capital Grille (A** B4)
→ *444 Brickell Avenue*
*Tél. (305) 374-4500 Lun.-jeu. 11h30-15h, 17h-22h30 ; ven.*

AEL'S GENUINE

MIA

OUT OF THE CLOSET

*11h30-15h, 17h-23h ; sam. 18h-23h ; dim. 17h-22h*
Au cœur du Financial District, un établissement surtout apprécié pour ses *porterhouse steaks* de 24 oz (680 g), vieillis sur place. On doit aussi choisir entre 400 variétés de vins ! Carte 27-47$.

**The Oceanaire Seafood Room (A** B5)
→ *900 South Miami Avenue Tél. (305) 372-8862 Lun.-jeu. 11h30-22h ; ven. 11h30-23h ; sam. 17h-23h ; dim. 17h-22h*
Cadre et ambiance d'un paquebot des années 1930, parfaits pour déguster des fruits de mer. Sean Bernal cuisine ici la pêche locale avec divers ingrédients tropicaux : toute la quintessence du goût de Miami ! Carte 28-35$.

## BARS

**Mia (A** C4)
→ *20 Biscayne Boulevard Tél. (305) 642-0032 Lun.-mer. 11h-2h ; jeu.-ven. 11h-5h ; sam. 18h-5h ; dim. 18h-2h*
Face au Bayfront Park, le nouveau visage de Downtown : sur 1 300 m², cuisine fusion (latino-japonaise), bar hype et *playlist* stylée. Après une *parrillada* de poisson relevée de vinaigrette havanaise à l'échalote, tenter le Cuba Libre "façon jello" : gelée de rhum brun, *granite* de Coca-Cola, écume de citron vert et bonbons acidulés !

**Gordon Biersch Brewery (A** B6)
→ *1201 Brickell Avenue Tél. (786) 425-1130 Sam.-jeu. 11h30-0h ; ven. 11h30-1h*
Look industriel, ambiance fun et décontractée et bières d'influence bavaroise comme la Marzen ou la Blonde Bock. Derrière les vitres, on peut voir les brasseurs à l'œuvre !

**Tobacco Road (A** B5)
→ *626 S Miami Avenue Tél. (305) 374-1198 Tlj. 11h30-5h*
Le plus vieux bar de Miami (1912), construit à l'époque où les bateaux transportaient des cigares cubains sur le fleuve tout proche. Il a survécu à la prohibition, et à la détérioration de son voisinage dans les années 1980. Jazz et blues *live* tous les soirs – B.B. King et Albert Collins s'y sont produits !

**Transit Lounge (A** A5)
→ *729 SW 1st Avenue Tél. (305) 377-4628 Lun.-jeu. 17h-5h ; ven.-dim. 20h-5h*
Des formations locales teintées d'influences électro (Spam Allstars) aux traditionnels *conjuntos* (Progreso Conjunto), le meilleur de la musique latine dans un repaire décalé : murs de béton apparent et canapés en velours rouge.

## SHOPPING

**Seybold Building (A** A4)
→ *36 NE 1st Street Tél. (305) 374-7922 Lun.-ven. 9h30-17h30*
Le deuxième centre de joaillerie des États-Unis par la taille, réunissant 280 bijoutiers ! Pierres précieuses et semi-précieuses au 3e étage, or aux 5e et 6e, diamants aux 7e, 9e et 10e, horloges aux 4e et 8e.

**Bayside Marketplace (A** B3)
→ *401 Biscayne Boulevard Tél. (305) 577-3344 Lun.-jeu. 10h-22h ; ven.-sam. 10h-23h ; dim. 11h-21h (fermeture plus tardive pour les bars et les restaurants)*
Centre commercial de 120 boutiques, dont Disney Store et Victoria's Secret, et de plusieurs restaurants. Concerts en plein air gratuits et point de départ des croisières touristiques et des visites guidées de Biscayne Bay.

**Out of the Closet** (hors plan **A** B1)
→ *2900 N Biscayne Boulevard Tél. (305) 764-3773 Lun.-sam. 10h-19h ; dim. 10h-18h*
Des livres aux créations de mode, un magasin d'occasion au profit de l'AIDS Healthcare Foundation, pour s'approvisionner utile !

**Galeria International Mall (A** B4)
→ *255 E Flagler Street Tél. (305) 371-4536 Lun.-sam. 10h-19h ; dim. 12h-18h*
Un centre commercial multimarques (80 commerces) où l'on trouve tout, du tapis persan à l'ordinateur, en passant par les baskets, sans oublier le *foodcourt* et ses diverses nourritures ethniques.

**Marshalls (A** B4)
→ *255 E Flagler Street Tél. (305) 358-3844 Lun.-sam. 9h-19h ; dim. 10h-18h*
Vêtements et accessoires de grandes marques américaines (Anne Klein, DKNY...) à prix discount. L'un des plus importants grands magasins de vente au rabais du pays, avec 750 enseignes.

DADE COUNTY COURTHOUSE

GESÚ CHURCH

ADRIENNE ARSHT CENTER FOR THE PERFORMING ARTS

▼ Plan B

JUNGLE ISLAND

HISTORY MIAMI

lda de Séville, ergeait à l'origine édaction du *Miami Daily* s. De 1962 à 1974, elle it de centre de transit réfugiés cubains, a considèrent comme propre Ellis Island.

**iami Children's seum (A** D2)

*30 MacArthur Causeway, on Island*
*305) 373-5437 Tlj. 10h-18h*
âtiment abrite aleries, un gigantesque arium de poissons icaux, un auditorium 00 places et des ositions interactives me *Le Château des s*, *La Mer et moi* et un studio de télévision. Dans Everglades Park, les enfants apprendront à voler comme des balbuzards !

★ **Jungle Island (A** D2)

*→ 1111 Parrot Jungle Trail*
*Tél. (305) 400-7000*
*Lun.-ven. 10h-17h ; w.-e. 10h-18h*
Fondé en 1936, Jungle island compte 3 000 oiseaux (aras, paons, flamants, etc.), des orangs-outans jumeaux et des reptiles. À voir absolument : le crocodile d'eau salée de 6 m de long ! Dans le parc superbement réaménagé, niché entre Downtown et South Beach : spectacles de perroquets, serpentarium, volières...

★ **Adrienne Arsht Center for the Performing Arts (A** B2)

*→ 1300 Biscayne Boulevard*
*Tél. (305) 949-6722 Visite guidée gratuite des coulisses : lun., sam. 12h www.arshtcenter.org*
Conçu par Cesar Pelli, ce centre culturel affiche une des programmations les plus pointues de Floride du sud, avec des représentations données par les quatre compagnies résidentes ainsi que par des artistes du monde entier : jazz, opéra, ballet, théâtre, mais aussi cabaret, danse contemporaine et spectacles classiques de Broadway.

★ **Rubell Family Collection**

(hors plan **A** A1)
*→ 95 NW 29th Street*
*Tél. (305) 573-6090*
*Mer.-sam. 10h-18h (et sur rdv)*
Importante collection, très aboutie, appartenant à une famille d'hôteliers (The Albion, Greenview, Beach House) : 1 500 photos, sculptures et peintures dont des œuvres de Jeff Koons, Cindy Sherman, Andy Warhol, Jean-Michel Basquiat... exposées dans l'ancien entrepôt de la Drug Enforcement Agency.

LINCOLN ROAD MALL

HOLOCAUST MEMORIAL

★ **Miami Beach Marina (B** B5)
→ *300 Alton Road*
*Tél. (305) 673-6000*
Marina de 400 mouillages pour bateaux jusqu'à 76 m. À court d'embarcation ? Yachts, voiliers, bateaux de pêche et de croisière peuvent être affrétés ! À moins de se contenter d'un tour de la baie en *water taxi*. Boutiques d'équipement de plongée et location de jet ski.

★ **Ziff Jewish Museum of Florida (B** C5)
→ *301 Washington Avenue*
*Tél. (305) 672-5044*
*Mar.-dim. 10h-17h*
Dans cette ancienne synagogue (1936) sont exposés 80 vitraux décorés de symboles hébraïques et divers objets retraçant 240 ans de tradition juive en Floride, ainsi que les photos de lieux autrefois interdits aux Juifs.

★ **Wolfsonian Museum of Art (B** C4)
→ *1001 Washington Avenue*
*Tél. (305) 531-1001 Jeu., sam.-mar. 12h-18h ; ven. 12h-21h*
Étonnant immeuble de style néoméditerranéen des années 1920, dont la collection d'arts décoratifs, ouverte au public depuis 1995, compte plus de 70 000 pièces datant de 1885 à 1945 et originaires pour la plupart d'Europe et d'Amérique du Nord : meubles, livres rares, journaux, peintures, affiches de propagande et médailles, dont un buste de Mussolini et une version en braille de *Mein Kampf*.

★ **Old City Hall (B** C3)
→ *1130 Washington Avenue*
*Lun.-ven. 9h-17h*
Ce bâtiment de style méditerranéen, reconstruit en 1927 après un ouragan dévastateur, symbolise la volonté de Miami de revenir au premier rang des stations balnéaires du pays. Classé monument historique en 1983, il abrite un tribunal, des bureaux et boutiques, et la cinémathèque de New Beach. Superbe vue du dernier étage.

★ **Ocean Drive and Beach (B** C3)
La plage est accessible la plus grande partie de côte est, avec plus d'ac à l'est de Lummus Park *beautiful people* – touris et gens du cru – soigne leur look décontracté sur cette immense plag de sable blanc. Sur Oce Drive, rendue célèbre p ses immeubles Art déc s'égrènent des dizaines de bars, cafés branchés restaurants élégants et magasins en tout genre

US POST OFFICE

OCEAN DRIVE AND BEACH

BRITTO CENTRAL ART GALLERY

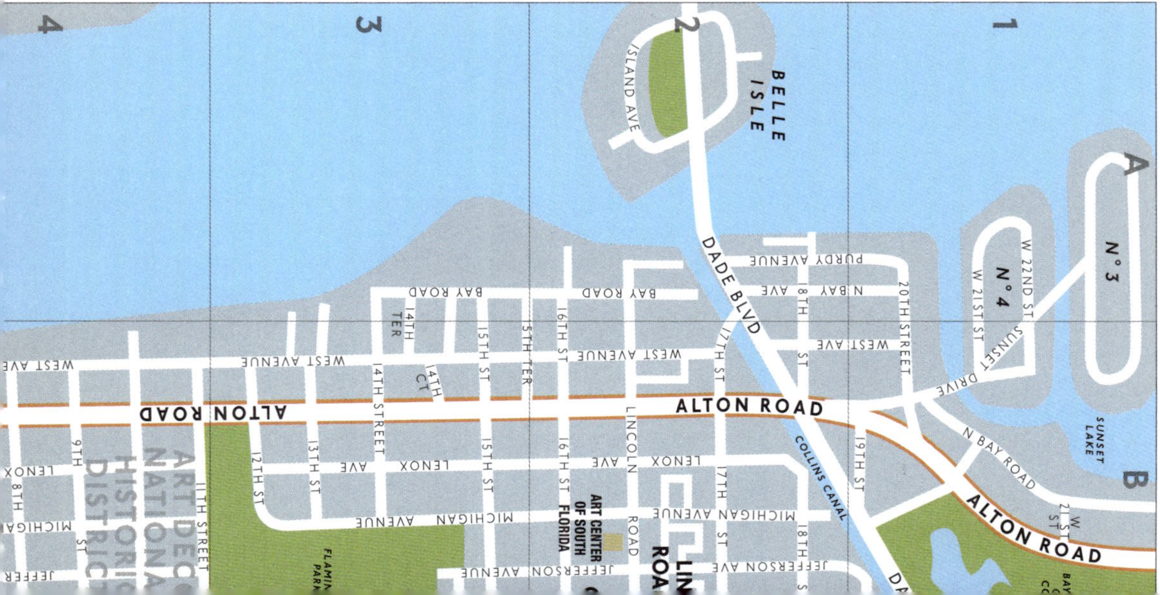

SoBe (South Beach) pétille d'énergie sensuelle, de faste, de rythme latin et d'une culture jeune et dans le vent. Dans cette partie sud de l'île de Miami Beach, aménagée dans la première moitié du XXe siècle, les bâtiments sont de véritables palais ou de petits bijoux Art déco. Galeries d'art, agences de top models, théâtres, boutiques et rédactions de magazines de mode se partagent la scène, ainsi que le siège latino-américain de Sony et une chaîne de télévision en langue espagnole. Une suite infinie et variée de bars et restaurants pour tous les goûts : branché, sophistiqué, décontracté...

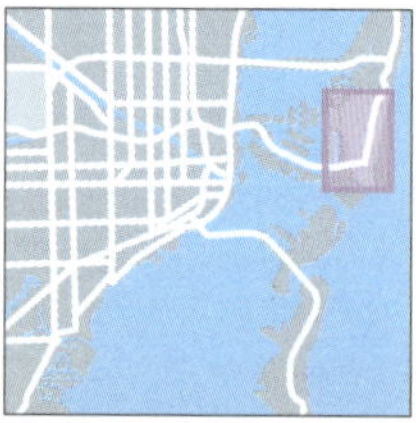

PRIME 112

NEWS CAFÉ

## RESTAURANTS

**News Café (B** C4)
→ *800 Ocean Drive*
*Tél. (305) 538-6397 Tlj. 24h/24*
Né d'un concept original autour d'un kiosque à journaux, un restaurant en vogue et sa terrasse très appréciée des top models. Excellents falafels et kebabs de crevettes. Carte 8-20$.

**TiramesU (B** B2)
→ *721 Lincoln Road*
*Tél. (305) 532-4538 Lun.-jeu. 12h-oh ; ven.-sam. 12h-1h*
De savoureux gnocchis et pâtes maison, des serveurs italiens enthousiastes et un service impeccable. Préférer l'extérieur, pour un aperçu en direct des dernières modes. Carte 10-26$.

**Nexxt Café (B** C2)
→ *700 Lincoln Road*
*Tél. (305) 532-6643*
*Lun.-jeu. 11h30-23h ; ven. 11h30-23h30 ; sam. 11h-oh ; dim. 10h-23h*
Un des cafés-trottoirs les plus prisés de Lincoln Road, malgré l'exiguïté de son local. Menu varié, énormes portions de *buffalo chicken* sandwich et de *Caesar salad*. Le spot idéal pour observer le spectacle animé de la rue. Carte 12-26$.

**Joe's Stone Crab (B** C6)
→ *11 Washington Avenue*
*Tél. (305) 673-0365*
*Lun.-jeu. 17h-22h ; ven.-sam. 17h-23h (18h en été) ; dim. 16h-22h (fermé en été)*
Mondialement connu pour ses *stone crabs* (tourteaux d'Amérique) saisonniers (oct.-mai), servis avec une sauce maison à la moutarde, des frites de patates douces et des *hash browns* (galettes de pomme de terre). Également un délicieux poulet frit. Pas de réservation : mieux vaut se préparer à une longue attente ! Carte 14-39$.

**Prime 112 (B** C6)
→ *112 Ocean Drive Tél. (305) 532-8112 Lun.-ven. 12h-15h, 17h30-oh ; w.-e. 17h30-1h*
Ouvert en 2004 à l'intérieur du Browns Hotel, Prime 112 est devenu une légende ! Au menu de ce steakhouse de luxe, des plats plus alléchants les uns que les autres, de la *chopped salad* maison (légumes et bacon fumé) à toutes les pièces de bœuf possibles (même un hot-dog de bœuf Wagyu ! ), avec des pommes de terre préparées de mille et une façons, sans oublier les sauces ! Carte 19-56$.

OLD CITY HALL

WOLFSONIAN MUSEUM OF ART

BASS MUSEUM OF ART

J MIAMI BEACH

BASE

THE FRIEZE ICE CREAM FACTORY

**Nobu Miami Beach (B** D1)
→ *1901 Collins Avenue*
*Tél. (305) 695-3232*
*Lun.-jeu. 19h-0h ; ven.-sam. 19h-1h ; dim. 19h-23h*
*Lounge ouvert dès 18h*
Comme ses succursales à New York, L. A. et Londres, un lieu élégant, fréquenté par les célébrités, et des mets imaginatifs, d'inspiration latino-japonaise. Tenter le pâté de lotte au caviar, le cabillaud noir au *miso* ou le *yellowtail* aux piments jalapenos. Réservation impérative. Carte à partir de 26$.

## GLACIER, CAFÉ

**The Frieze Ice Cream Factory (B** B2)
→ *1626 Michigan Avenue*
*Tél. (305) 538-0207 Lun.-ven. 12h-0h ; w.-e. 12h-1h*
Il fabrique et sert ses propres glaces depuis belle lurette. Essayer la double toffee ou la caramel-macadamia. Les murs recouverts d'œuvres d'artistes locaux et de bulletins d'annonces donnent une idée du quotidien à SoBe.

**Mango's Tropical Café (B** C4)
→ *900 Ocean Drive*
*Tél. (305) 673-4422 Tlj. 12h-5h*
Ce bar vibre au rythme de son séduisant staff cubain et américain, qui se relaie pour danser sur les tables. Poulet *margarita, mahimahi* caribéen et les meilleurs desserts d'Ocean Drive.

## BARS

**Joe Allen (B** A2)
→ *1787 Purdy Avenue*
*Tél. (305) 531-7007 Tlj. 11h30-23h (23h30 ven.-sam.)*
Également présente à Londres, New York et Paris, une enseigne fréquentée pour ses bières rares et ses martinis, les meilleurs de la ville ! Choix de salades, grillades, pizzas et burgers généreux.

**Smith & Wollensky (B** C5)
→ *1 Washington Avenue*
*Tél. (305) 673-2800 Lun.-jeu. 11h30-0h ; ven.-sam. 12h-2h*
Dans une vaste et vieille maison, un steakhouse de renom avec un grand bar attractif et une clientèle d'habitués. Vue spectaculaire sur la baie et l'Atlantique. Grand choix de boissons.

**Nikki Beach Club (B** C6)
→ *1 Ocean Drive*
*Tél. (305) 538-1111 Lun.-jeu. 11h-17h ; ven.-dim. 11h-5h*
Une moitié sur la plage, l'autre à l'intérieur, un va-et-vient de mannequins, d'hommes d'affaires et de quelques VIP ou l'illustration parfaite du milieu miamien de SoBe. Pour se prélasser sur un transat en bambou à l'ombre d'un palmier ou siroter un cocktail au rhum dans l'air conditionné.

## SPECTACLES

**Miami City Ballet (B** D1)
→ *2200 Liberty Avenue*
*Tél. (305) 929-7000*
*www.miamicityballet.org*
Fondé en 1986 par le chorégraphe Edward Villella, le Miami City Ballet est devenue l'une des compagnies les plus estimées du pays. Installé dans ces locaux depuis 2000, il compte aujourd'hui plus de 40 danseurs et un répertoire de 92 ballets, dont 9 premières mondiales.

## SHOPPING

**Base (B** B2)
→ *939 Lincoln Road*
*Tél. (305) 531-4982 Lun.-jeu. 11h-22h ; ven.-dim. 11h-23h*
Une fois la porte franchie, une myriade de parfums, de la musique planante et une vague glacée d'air conditionné donnent le ton. Petite sélection très pointue de vêtements de KristenseN du nord et de Dosa, chaussures, bougies, magazines de mode et produits de beauté naturels, ainsi qu'un vaste bar à CD !

**Steven by Steve Madden (B** B2)
→ *817 Lincoln Road*
*Tél. (305) 673-9992*
*Lun.-jeu. 11h-22h ; ven.-sam. 11h-0h ; dim. 11h-23h*
Rares au monde sont les boutiques aussi en vogue ! En plus des incontournables chaussures Steve Madden, on y trouve de tout pour se chausser hype, des talons hauts aux sandales chics... Pour hommes et femmes.

**9th Chakra (B** C2)
→ *1621 Lincoln Road*
*Tél. (305) 538-0671*
*Mar.-jeu. 12h-21h ; ven.-sam. 12h-22h ; dim. 12h-21h*
Pour se reposer de la frénésie de SoBe, on se calme l'esprit, le corps et l'âme à 9th Chakra ! Objets *feng shui*, bijoux en cristal, encens, livres et CD pour partir sur divers chemins spirituels...

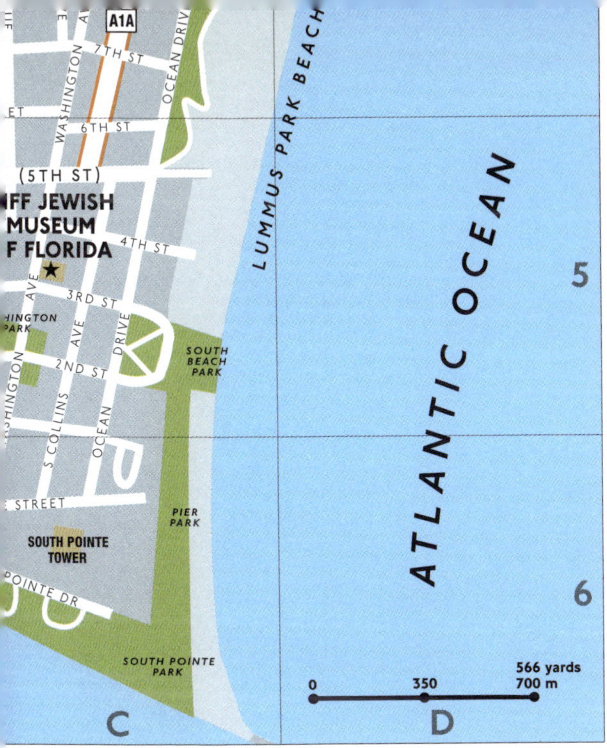

ZIFF JEWISH MUSEUM OF FLORIDA

MIAMI BEACH MARINA

**S Post Office (B C3)**
*oo Washington Avenue*
*305) 672-2447 Lun.-ven.*
*7h ; sam. 8h30-14h*
-d'œuvre Art déco des ées 1930 signé Howard ney, ce bureau de poste oujours en activité. arquer la rotonde s détails d'architecture ieurs. Une peinture ale de Charles Hardin nte les relations entre gnols et Amérindiens : emière rencontre, erre et la signature traité de paix.

**ritto Central Art ery (B B2)**
*8 Lincoln Road Tél. (305) 3821 Dim.-jeu. 10h-23h ; ven.-sam. 10h-0h*
Galerie-studio dédiée à l'œuvre de Romero Britto, un des artistes pop brésiliens les plus connus ; son œuvre célèbre la vie à travers des couleurs vibrantes et des compositions mordantes. Peintures originales, sérigraphies et sculptures multimédias.

**★ Lincoln Road Mall (B B2)**
*→ D'Alton Road à Washington Avenue, entre 16th et 17th Street*
Pour rejoindre les foules qui se baladent et lèchent les vitrines de la rue piétonne la plus "cool" de South Beach. Ou les voir défiler depuis l'un des nombreux cafés-terrasses : mannequins européens, juifs orthodoxes, producteurs latino-américains, financiers locaux et inévitablement ... artistes de rue et charmeurs de serpents ! Grand choix de restaurants, bars, boutiques et galeries.

**★ Holocaust Memorial (B C1)**
*→ 1933 Meridian Avenue Tél. (305) 538-1663 Tlj. 9h-coucher du soleil*
Le Grand Miami compte parmi ses résidents des survivants de l'Holocauste qui, avec des milliers de visiteurs par an, rendent ici un poignant hommage aux six millions de Juifs exterminés par les nazis. Mémorial en pierre rose de Jérusalem : un bassin d'où émerge un bras tatoué d'un matricule d'Auschwitz auquel s'agrippent une centaine de victimes tourmentées.

**★ Bass Museum of Art (B C1)**
*→ 2121 Park Avenue Tél. (305) 673-7530 Mer.-dim. 12h-17h*
Œuvres et peintures de grands maîtres européens dont Rubens et Dürer, tapisseries flamandes du XVIe s., peintures, sculptures, photos et films du XXe s. dans ce musée créé il y a 75 ans.

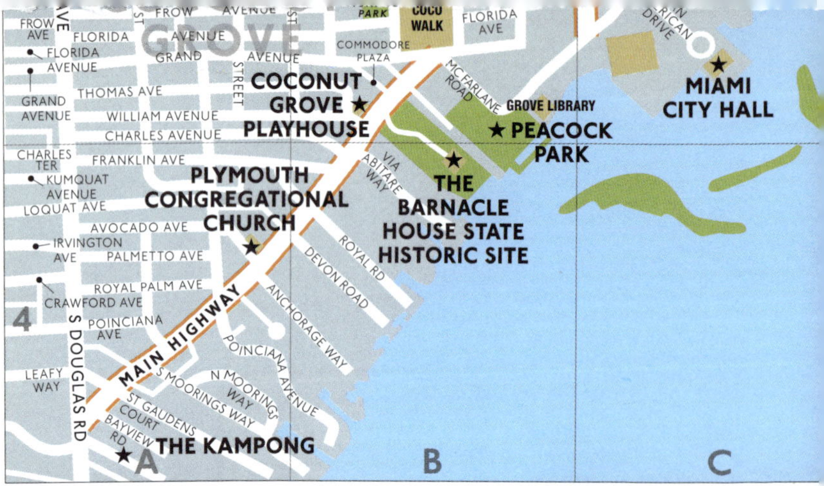

VIZCAYA MUSEUM AND GARDENS

ERMITA DE LA CARIDAD

COCONUT GROVE PLAYHOUSE

★ **The Kampong (C** A4)
→ *4013 S Douglas Road*
*Tél. (305) 442-7169*
*Mar.-ven. 9h-17h*
Dans l'enceinte d'une propriété du début des années 1900, un merveilleux écrin classé jardin botanique national. À voir parmi sa luxuriante végétation tropicale, quelque 50 variétés de manguiers !

★ **Plymouth Congregational Church (C** A4)
→ *3400 Devon Road Tél. (305) 444-6521 Tlj. 8h30-16h30*
Magnifique de simplicité, cet édifice en pierre corallienne (1917), d'un style californien en vogue à l'époque, est l'œuvre d'un maçon espagnol. La porte, sculptée à la main, provient d'un monastère pyrénéen du XVIIe s. À côté, la première école publique de Miami, datant de 1887.

★ **Coconut Grove Playhouse (C** B3)
→ *3500 Main Highway*
*Tél. (305) 442-4000*
Un des premiers théâtres du sud de la Floride, dont la programmation est actuellement en suspens, mais un groupe d'artistes passionnés se bat pour une reprise prochaine. Le bâtiment de style néoméditerranéen, d'abord destiné au cinéma puis converti en salle de théâtre dans les années 1950, vaut à lui seul le détour.

★ **The Barnacle House State Historic Site (C** B4)
→ *3485 Main Highway*
*Tél. (305) 442-6866*
*Ven.-lun. 9h-17h*
Un bungalow de 1891 que Ralph Munroe s'employa à consolider pour le rendre résistant aux ouragans, au moyen de poutres récupérées de navires naufragés et de troncs de pins enterrés en sous-sol. Ingénieux système de ventilation. Agréable petit bois autour de la maison.

★ **Peacock Park (C** B3
→ *2820 McFarlane Road*
*Tél. (305) 442-0375 Tlj. 7h-*
Lieu de *sit-in* et de manifestations dans les années 1960, site d premier hôtel de Miami parc en front de baie id pour jouer au Frisbee, au tennis, faire du vélo, promener et pique-niqu La plupart des festivals artistiques et musicaux Coconut Grove y ont lie

★ **Miami City Hall (C**
→ *3500 Pan American Driv*
*Lun.-ven. 9h-17h*
Conçu par le bureau d'architecture new-york Delano & Aldrich pour abriter l'aéroport marin

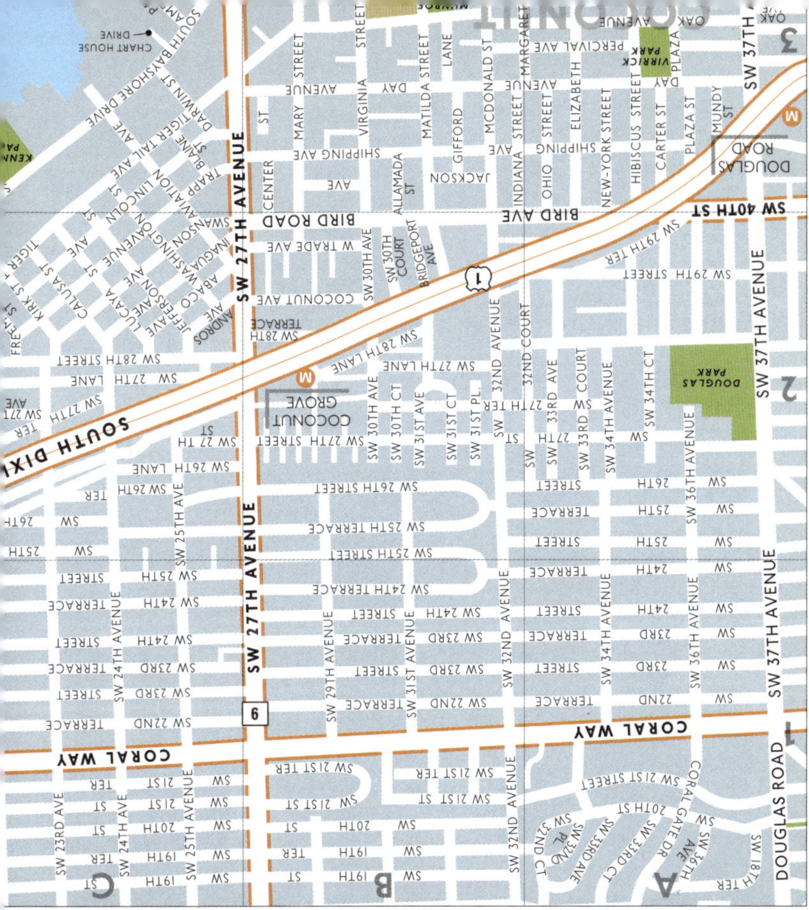

MIAMI MUSEUM OF SCIENCE AND PLANETARIUM

PEACOCK PARK

MIAMI CITY HALL

Industriels du nord des États-Unis, intellectuels, membres de la noblesse européenne, ouvriers des Bahamas, pêcheurs de Key West et sudistes en quête d'un nouveau départ formaient la communauté de Coconut Grove à l'époque de l'ouverture du premier hôtel, dans les années 1880. Le village, qui s'étend sur plusieurs kilomètres au sud de Rickenbacker Causeway sur Biscayne Bay, fut annexé à Miami en 1925. Trente ans plus tard, sa réputation bohème attirait des artistes venus des quatre coins des États-Unis. Son Arts Festival, une végétation luxuriante et une architecture séduisante en font aujourd'hui une destination de choix.

GIBRALTAR

THE LAST CARROT

## RESTAURANTS

**The Last Carrot (C** B3)
→ *3133 Grand Avenue Tél. (305) 445-0805 Lun.-ven. 10h-18h30 ; sam. 10h-16h30*
Ce restaurant diététique sert des pitas de poulet et des sandwiches de thon délicieux, d'énormes salades et des jus de fruits frais. À déguster au bar ou à emporter. Carte 4-8$.

**Scotty's Landing (C** C3)
→ *3381 Pan American Drive Tél. (305) 854-2626 Lun.-jeu. 11h-22h ; ven.-sam. 11h-23h*
À 100 mètres du Miami City Hall, une institution de Grove Key Marina. Dans un décor d'un autre âge, on y avale de savoureux sandwichs de *mahimahi* grillé, des fruits de mer, des grillades, et une salade de conques réputée. Concerts les w.-e. Carte 6-15$.

**Green Street Café (C** B3)
→ *3468 Main Highway Tél. (305) 444-0244 Dim.-mar. 7h30-1h ; mer.-sam. 7h30-3h*
Pour des plats variés (steaks, salades et tofu sauté) ainsi que du *Key lime pie* et des brownies maison en dessert. Parfait pour le brunch du week-end. Carte 6-23$.

**Gibraltar (C** E2)
→ *4 Grove Isle Drive Tél. (305) 857-5007 Dim.-jeu. 7h-15h, 18h30-22h ; ven.-sam. 7h-15h, 18h30-23h (petits déj. jusqu'à 11h, brunchs jusqu'à 15h, dîner à partir de 18h30)*
Nichée sur une île privée au sein du luxueux Grove Isle Hotel and Spa, l'excellente table du chef Rafael Melende. Vanté lors de son show par la célébrissime Oprah Winfrey, la *Key lime pie* (tarte au citron vert) maison, avec chapelure de biscuit et crème fouettée à la vanille, clôturera un dîner de la mer : vivaneau à queue jaune grillé, moules cuites dans un bouillon de coco et coriandre et relevées de menthe, de tomate et d'huile de homard, steak de thon au wasabi et saké... Du jardin, magnifique vue sur la *skyline*. Carte 9-46$.

**Jaguar / Ceviche Spoon Bar & Latam Grill (C** B3)
→ *3067 Grand Avenue Tél. (305) 444-0216 Lun.-jeu. 11h30-23h ; ven. 11h30-23h30 ; sam. 11h-23h30 ; dim. 11h-22h*
Un lieu décontracté et sophistiqué à la fois, couru pour ses ceviches et ses plats d'Amérique

YA GRILL

COCO WALK

THE MIAMI IMPROV

latine. À goûter : le steak et les crevettes au citron. Carte 10-22$.

**Bizcaya Grill (C C3)**
→ *The Ritz Carlton 3300 SW 27th Avenue*
*Tél. (305) 644-4675 Tlj. 7h-22h (brunch le dim. 11h30-15h)*
Très apprécié pour son brunch gourmand, arrosé de champagne à volonté ! Le reste de la semaine, la cuisine aux accents méditerranéens de Philippe Pinon se savoure dans l'élégante salle à manger en marbre et bois sombre ou autour de la fontaine à cascades de la terrasse au feuillage tropical. Carte 15-38$, brunch 65$.

**Chart House Restaurant (C C3)**
→ *51 Chart House Drive*
*Tél. (305) 856-9741*
*Dim.-jeu. 16h30-22h ; ven.-sam. 16h30-23h*
Saumon en croûte d'herbes, homard australien et thon mariné sont les plats vedettes de ce restaurant de poisson, mais la côte de bœuf et le filet mignon sont tout aussi goûteux. En dessert, traditionnelle *mud pie* (tarte au chocolat) ou *lava cake* (un étonnant soufflé au cœur de chocolat fondant). Carte 23-50$.

## CAFÉS, BARS, SPECTACLES

**The Grove Spot (C B3)**
→ *3324 Virginia Street*
*Tél. (305) 774-6696*
*Lun.-jeu. 7h-0h ; ven.-sam. 7h-1h ; dim. 7h-23h*
Un café populaire auprès des résidents du Grove, quand ceux-ci ont envie d'un petit déjeuner à leur guise, à prix doux. Les sandwiches, aussi, sont en vedette.

**Sandbar Sports Grill (C B3)**
→ *3064 Grand Avenue*
*Tél. (305) 444-5270*
*Lun.-ven. 11h-3h ; w.-e. 10h-3h*
Pour se rafraîchir de la chaleur tropicale, on vient ici prendre un cocktail "ouragan de catégorie 5", au rhum, devant les matchs de sports sur écrans géants. Aussi connu pour ses *tacos* de poisson et ses *fajitas*.

**Mr. Moe's (C B3)**
→ *3131 Commodore Plaza*
*Tél. (305) 442-1114 Tlj. 11h-5h*
Têtes d'animaux empaillées, sols en pierre et box en bois, ce *sport bar* au décor inattendu prend des airs de cabane en rondins du Grand Nord. Groupes de rock tous les ven. et sam. soirs. Mer. soir, *ladies' night*.

**Atchana East-West Kitchen (C B3)**
→ *2951 S Bayshore Drive*
*Tél. (305) 774-0404 Dim.-jeu. 7h-22h ; ven.-sam. 7h-23h*
Au rez-de-chaussée du Mutiny Hotel, ce bar tout en bois évoque le style tropical colonial anglais, avec ventilateurs au plafond et mobilier en osier. On peut aussi prendre un verre dehors, près de la piscine à cascade. Pizzas, plats thaïs et desserts copieux pour les fringales.

**Monty's Raw Bar and Restaurant (C C3)**
→ *2550 S Bayshore Drive*
*Tél. (305) 856-3992 Lun.-ven. 11h30-23h ; w.-e. 11h30-1h*
Un bar comme une paillotte, célèbre pour ses *happy hours* et sa vue imprenable sur la baie de Coconut Grove.

**The Miami Improv (C B3)**
→ *3390 Mary St*
*Tél. (305) 441-8200* ***Spectacles*** *Tlj. selon programme*
*www.miamiimprov.com*
Place aux one-man shows dans ce petit théâtre qui a vu passer Dave Chapelle, Steve Martin ou Jerry Seinfeld. Une douzaine de tables pour calmer les petites faims ou siroter un verre pendant le spectacle.

## SHOPPING

**La Maya Hatcha (C B3)**
→ *3058 Grand Avenue*
*Tél. (305) 443-9040*
*Lun.-jeu., sam. 11h-18h ; ven. 11h-19h ; dim. 13h-18h*
Un comptoir d'approvisionnement des *hippies* depuis les années 1960 : masques exotiques, sandales buffalo, bijoux et huile de massage...

**CocoWalk (C B3)**
→ *3015 Grand Avenue*
*Tél. (305) 444-0777 Lun.-jeu. 10h-22h ; ven.-sam. 10h-23h*
Au cœur de Coconut Grove, un centre commercial à trois niveaux autour d'une cour centrale, avec des magasins de chaînes dont Gap et Victoria's Secret, des boutiques locales et des restaurants comme le Fat Tuesday et The Cheesecake Factory, pauses idéales entre deux courses ou en soirée.

**Streets of Mayfair (C B3)**
→ *3390 Mary Street Tél. (305) 448-1700 Lun.-sam. 10h-22h, dim. 12h-17h (restaurants et bars ferment plus tard)*
Ensemble de boutiques, restaurants, cafés et night-clubs en plein air, très proche de CocoWalk.

MI SEAQUARIUM

PLYMOUTH CONGREGATIONAL CHURCH

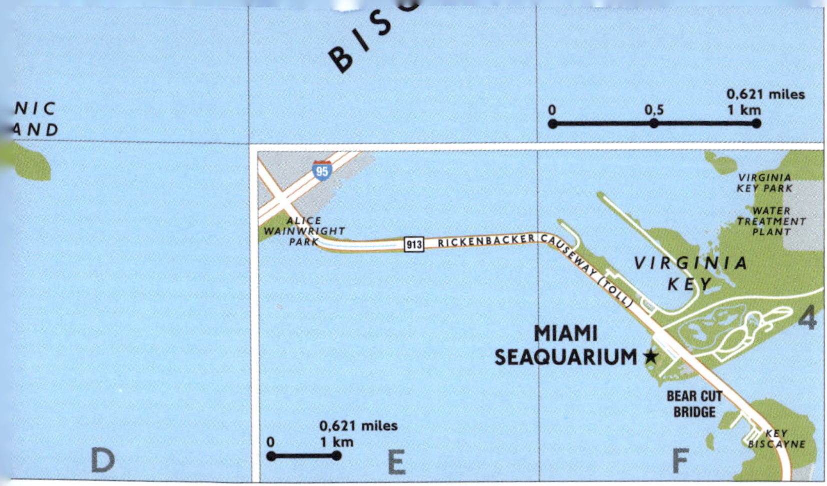

AMPONG

THE BARNACLE HOUSE STATE HISTORIC SITE

an American Airways, jou Art déco abrite rmais l'hôtel de Ville iami. C'est ici que ikorsky Clippers, avions reliant Key West Havane, prirent leur l initial à l'automne 930, inaugurant emière ligne nationale du monde.

**mita de la Caridad**
)
*09 S Miami Avenue*
*05) 854-2404*
e catholique au toit que de 27 m de haut, ue en 1968 comme gnal dirigé vers Cuba, e qu'avaient fuie coup de fidèles.

L'endroit parfait pour contempler les Vizcaya Museum and Gardens, Downtown Miami et le pont menant à Key Biscayne.

**★ Vizcaya Museum and Gardens (C** F2)
→ *3251 S Miami Avenue*
*Tél. (305) 250-9133*
*Mer.-lun. 9h30-16h30*
Au bord de Biscayne Bay, une immense résidence bâtie en 1916 dans le style d'une villa Renaissance italienne pour l'industriel de Chicago James Deering. Au fil de ses 70 pièces, on admire des centaines d'objets d'art décoratif, un mobilier inestimable et des œuvres d'art du XV^e au XIX^e s. Les jardins à la française recèlent statues précieuses, pergolas, fontaines, ainsi qu'un casino et un labyrinthe. Ronald Reagan, Bill Clinton, Jean-Paul II et la reine Élisabeth II y ont séjourné.

**★ Miami Museum of Science and Planetarium (C** E1)
→ *3280 S Miami Avenue*
*Tél. (305) 646-4200 Tlj. 10h-18h*
Pour observer, grâce à un projecteur spécial, l'image de toutes les étoiles et des planètes, vues de n'importe quel endroit de la terre, n'importe quel jour de l'année ! Aussi des documentaires et des spectacles laser. Le Wildlife Center soigne et étudie les oiseaux de proie blessés, relâchés une fois guéris.

**★ Miami Seaquarium (C** F4)
→ *4400 Rickenbacker Causeway Tél. (305) 361-5705*
*Tlj. 9h30-18h*
Lolita l'orque, Salty l'otarie, et tous les dauphins font le bonheur des spectateurs dans de gracieux ballets aquatiques. Ouvert en 1955, l'aquarium marin servit notamment de décor à *Flipper*, de 1964 à 1968. À voir : lamantins, crocodiles du Nil et oiseaux exotiques.

LOWE ART MUSEUM

UNIVERSITY OF MIAMI

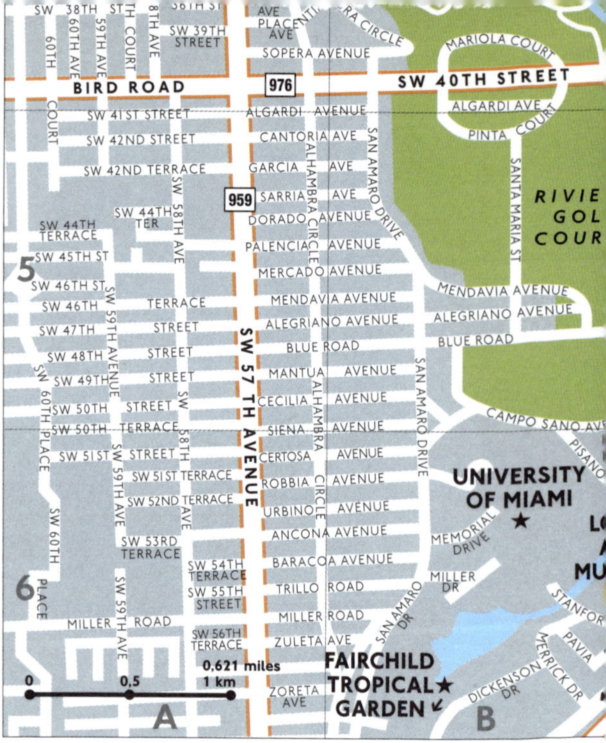


★ **Actors' Playhouse (D** D3)
→ *280 Miracle Mile*
*Tél. (305) 444-9293*
*www.actorsplayhouse.org*
Un des théâtres les plus acclamés par la critique. Mise en scène de productions nationales comme *Fiddler on the Roof* ou *Annie*, ainsi que de spectacles locaux pour petits et grands. La salle Art déco de 1 000 sièges a retrouvé son décor d'origine après restauration.

★ **Merrick House (D** C3)
→ *907 Coral Way*
*Tél. (305) 460-5361*
*Mer., dim. 13h-16h (et sur rdv)*
Au départ une simple cabane en bois, la maison d'enfance du fondateur de Coral Gables, George Merrick, fut agrandie en 1906 par une extension en pierre corallienne (calcaire local auquel les fossiles marins donnent une couleur corail). Y sont exposées photos historiques et œuvres d'art. Jardin imprégné du parfum des arbres fruitiers, plantés par Merrick.

★ **Venetian Pool (D** C3)
→ *2701 DeSoto Boulevard*
*Tél. (305) 460-5357 Mar.-ven. 11h-17h30 ; w.-e. 10h-16h30*
Creusée en 1923 dans une ancienne carrière de pierre corallienne et conçue pour ressembler à la lagune vénitienne… Sans doute l'une des plus belles piscines du pays. Fantaisie de grottes, de cascades et de ponts en galets, avec un îlot bordé de palmiers.

★ **Church of the Little Flower (D** B3)
→ *2711 Indian Mound Trail*
*Tél. (305) 446-9950 Tlj. 9h-17h*
Église de style baroque espagnol de 1925 : un des lieux de prédilection des Miamiens pour célébrer les mariages.

★ **Coral Gables Congregational Church (D** B3)
→ *3010 DeSoto Boulevard*
*Tél. (305) 448-7421*
*Tlj. 8h30-16h30*
Construite par Merrick 1925, sur le modèle d'u cathédrale baroque lat américaine, la premièr église de Coral Gables face au Biltmore Hotel. L'intérieur, un brin som et inquiétant, cache des détails de ferronne élaborées : à découvrir à l'occasion de l'un de nombreux concerts de ou de musique classiq

★ **Biltmore Hotel (D** B
→ *1200 Anastasia Avenu*
*Tél. (305) 445-1926*
Ouvert en 1926, cet hôt de 280 chambres à l'architecture

CORAL GABLES CONGREGATIONAL CHURCH

BILTMORE HOTEL

VENETIAN POOL

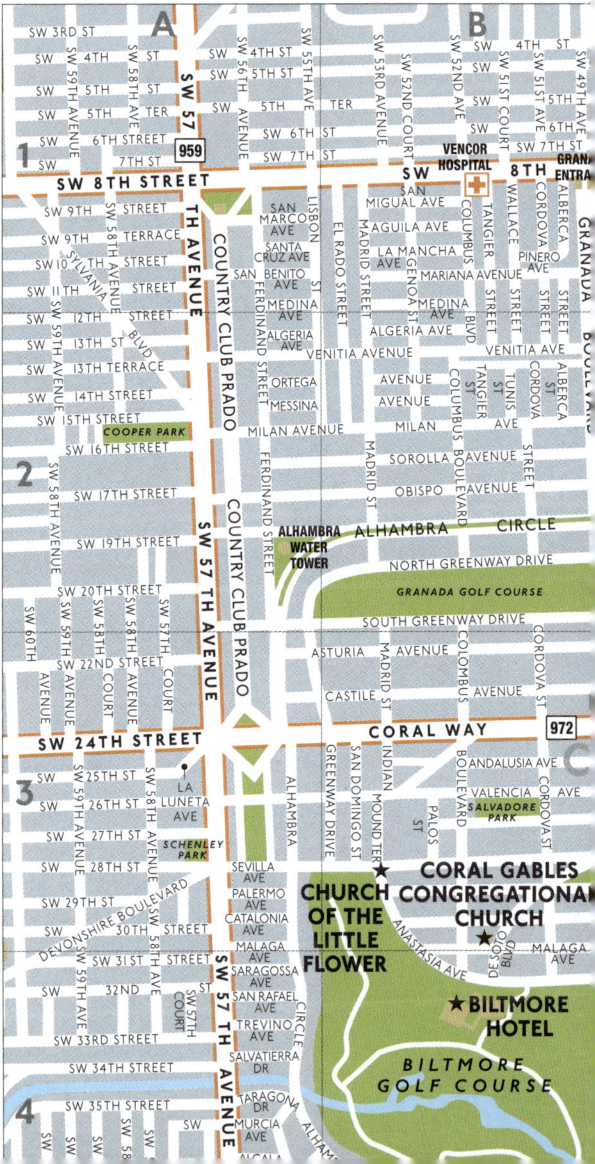

Dans les années 1920, l'entrepreneur George Merrick imagina une ville soignée qui serait un modèle d'élégance et de bien-être. Ainsi naquit Coral Gables, cette cité du sud-ouest de Downtown Miami, surnommée "The Beautiful City" pour son architecture, la plus belle du sud de la Floride. Ses 31 km² de rues spacieuses, ses places entourées de jardins luxuriants, d'immeubles néoméditerranéens aux tons pastel et de quelques créations MiMo (Miami Modern) et postmodernes, lui donnent une fibre européenne... Où théâtres, galeries d'art, et les meilleurs restaurants de la région complètent le tableau.

RED FISH GRILL

ORTANIQUE ON THE MILE

## RESTAURANTS

**Da Vittorio (D** D2)
→ *264 Giralda Avenue*
*Tél. (305) 445-8783 Mar.-sam. 12h-15h, 17h30-22h30*
Élégante, chaleureuse, une table italienne courue pour ses délicieuses pâtes : *fetuccine* au parmesan, *linguine* aux palourdes et *penne*... à la vodka ! Carte 12-38$.

**Novecento (D** D2)
→ *121 Alhambra Plaza*
*Tél. (305) 557-0900*
*Lun.-sam. 11h30-0h*
Comme Coral Gables, le Novecento mêle goûts latino-américains, classiques européens et une touche d'États-Unis. Essayer le saumon *a la parrilla*, la bavette grillée ou le tilapia poêlé. On peut aussi opter pour la terrasse, avec une salade et un sandwich. Musique *live*. Carte 14-32$.

**La Cofradia (D** D3)
→ *160 Andalusia Avenue*
*Tél. (305) 914-1300*
*Mar.-jeu. 12h-22h30 ; ven. 12h-23h30 ; sam. 13h-23h30*
Né au Pérou, formé en Europe, Jean-Paul Desmaison étonne par l'inventivité de ses compositions, parmi lesquels un *tacu-tacu* – à l'origine un plat à base de restes de haricots et de riz préparé par les esclaves africains du Pérou – réinterprété avec des crevettes, des haricots de Lima et du Pisco brandy. Carte 18-32$.

**La Palma Ristorante & Bar (D** D2)
→ *116 Alhambra Circle*
*Tél. (305) 445-8777 Dim.-jeu. 11h30-15h, 17h30-22h ; ven.-sam. 11h30-0h*
Délicats mets d'Italie du nord concoctés par un chef de Bologne. À ne pas manquer : le *cioppino toscano* (un ragoût de poisson), l'escalope de veau avec des artichauts et une sauce vin blanc et citron. Tout aussi recommandés : les *crab cakes*. Carte 18-36$.

**Red Fish Grill**
(hors plan **D** B6)
→ *9610 Old Cutler Road*
*Tél. (305) 668-8788 Mar.-ven. 18h-22h ; w.-e. 17h-22h*
Bâtiment historique en pierre à l'ombre des palmiers du Matheson Hammock Park, pour un dîner romantique à l'heure où le soleil se couche sur l'océan. Excellente cuisine : spécialités de poisson et fruits de mer dont mérou et *yellowtail*. Carte 20-38$.

**Ortanique on the Mile**
**(D** D3)
→ *278 Miracle Mile*

ACTORS' PLAYHOUSE

MERRICK HOUSE

CHURCH OF THE LITTLE FLOWER

▼ Plan E
▼ Plan C

LA COFRADIA

MIRACLE MILE

LUMINAIRE

*Tél. (305) 446-7710 Lun.-mer. 11h30-14h30, 18h-22h ; jeu.-ven. 11h30-14h30, 18h-23h ; sam. 18h-23h*
Carte aux résonances floribéennes : curry de crevettes et saint-jacques, côtelettes de porc, bouillabaisse antillaise… et en dessert, gâteau mangue-chocolat ! Service toujours sympathique. Carte 21-44$.

**Pascal's on Ponce (D** D3)
*→ 2611 Ponce de León Boulevard Tél. (305) 444-2024 Lun.-jeu. 11h30-14h30, 18h-22h ; ven.-sam. 18h-23h*
Signée Pascal Oudin, une cuisine française teintée d'un zeste d'influence locale : bisque de homard du Maine, filet de bœuf sauté aux champignons… Le soufflé à la ganache de chocolat est un best-seller. Calme et sophistiqué. Carte 27-40$.

## BARS

**The Biltmore Bar / The Cellar Club (D** B4)
*→ 1200 Anastasia Avenue Tél. (305) 445-1926* ***Bar*** *Tlj. 17h-1h30* ***Club*** *Tlj. 11h-0h*
Pour siroter l'un des 100 crus à choisir au verre ou fumer le cigare dans un hôtel historique, jadis fréquenté par Al Capone, le duc de Windsor et Bill Clinton. À savourer à l'intérieur ou dans le patio aux colonnes romaines, avec vue sur le terrain de golf.

**John Martin's (D** D3)
*→ 253 Miracle Mile Tél. (305) 445-3777 Dim.-jeu. 11h30-0h ; ven.-sam. 11h30-2h*
Pub irlandais, lieu de prédilection des artistes de l'Actors' Playhouse voisin et de tous les amateurs de bon temps. Guinness et cuisine de pub, dont une excellente *shepherd's pie*.

**Globe Café & Bar (D** D2)
*→ 377 Alhambra Circle Tél. (305) 445-3555 Lun.-mar. 11h30-0h ; mer.-ven. 11h-2h ; sam. 12h-0h*
Jeunes professionnels aisés et célibataires se retrouvent ici après une journée de travail, pour partager cocktails et petites collations (pâtes, salades, steaks, etc.). Très bons concerts de jazz le sam. soir.

**Fritz & Franz Bierhaus (D** D3)
*→ 60 Merrick Way Tél. (305) 774-1883 Tlj. 11h-1h*
Une brasserie animée, réputée pour ses bières Warsteiner et son Gespritzte (soda et vin blanc). Buffet à volonté tous les dim. : *Jaeger schnitzel* (escalope aux champignons), saucisses, *apfelstrudel*, œufs et bacon.

## SHOPPING

**La Casa de las Guayaberas (D** A1)
*→ 5840 SW 8th Street Tél. (305) 266-9683 Lun.-sam. 10h-19h*
Pour être "cool" (littéralement et stylistiquement !), s'offrir une *guayabera*, chemise classique des Caraïbes, en lin blanc ! Disponible en prêt-à-porter ou sur mesure, dans un large choix de couleurs et de styles.

**The Village of Merrick Park (D** C5)
*→ 358 Avenue San Lorenzo Tél. (305) 529-0200 Lun.-sam. 10h-21h ; dim. 12h-18h*
Un centre commercial plutôt luxueux, le plus récent de Coral Gables : 115 magasins dont Benetton, Gucci et Elemis Spa, réputé pour ses massages et ses soins du visage et du corps.

**Books & Books (D** D3)
*→ 265 Aragon Avenue Tél. (305) 442-4408 Dim.-jeu. 9h-23h ; ven.-sam. 9h-0h*
La librairie indépendante la plus célèbre de Floride du sud, avec sa cour agréable pour siroter un café ou un verre de vin en feuilletant quelques livres. Autre adresse sur Lincoln Road (**B** B2), à South Beach, et à Bal Harbour, au nord de Collins Avenue (hors plan **B** D1).

**Miracle Mile (D** D3)
*→ Coral Way (SW 24th St) entre 37th et 42nd Avenue*
Une promenade le long de cette rue, réputée pour ses immeubles à l'architecture néoméditerranéenne et bordée de galeries d'art, de restaurants et de boutiques haut de gamme, est un must.

**Luminaire (D** D3)
*→ 2331 Ponce de León Boulevard Tél. (305) 448-7367 Lun.-sam. 10h-18h*
Une boutique spécialisée dans le mobilier européen moderne, où l'on trouve tout : lampes en papier, vases faits main, bougeoirs en porcelaine, linge italien, etc.

**Shop at Fairchild** (hors plan **D** B6)
*→ Fairchild Tropical Garden 10901 Old Cutler Road Tél. (305) 667-1651 Tlj. 9h30-16h30*
Des sacs, bijoux et accessoires estampillés Ecoist, enseigne adepte du commerce équitable : conditions de travail décentes et matériaux écologiques assurés !

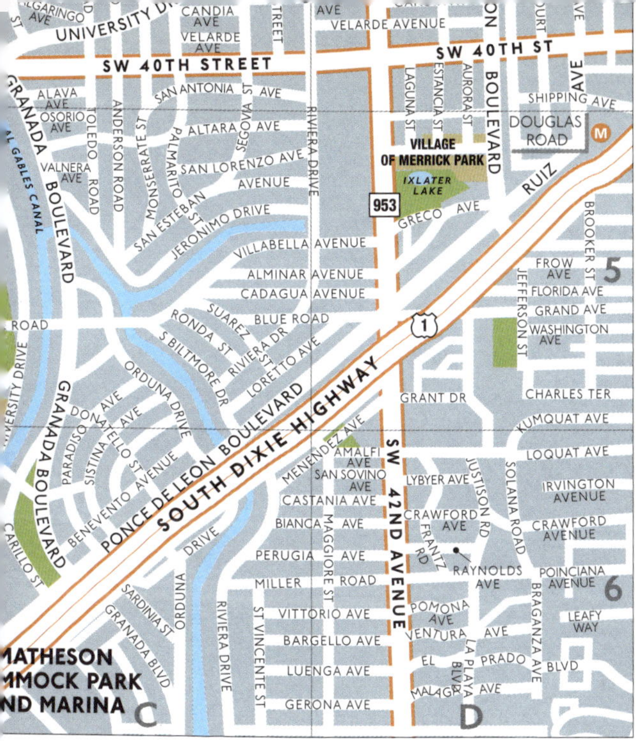

MATHESON MARINA

FAIRCHILD TROPICAL GARDEN

néoméditerranéenne servit d'hôpital durant la Seconde Guerre mondiale et le resta jusqu'en 1968. Restauré en 1987, il possède un terrain de golf et la plus grande piscine d'hôtel des États-Unis, qui battit, un temps, les records du monde en dimensions. Profiter du brunch, servi le dimanche sur la terrasse surplombant le golf.

★ **University of Miami** (**D** B6)
→ *Tél. (305) 284-2211*
Réputée pour ses facultés de médecine et de droit, l'université s'étend sur 105 ha avec des bâtiments de styles architecturaux divers. Ses équipes de football et de base-ball figurent parmi les meilleures du pays. Spectacles musicaux, pièces de théâtre, etc.

★ **Lowe Art Museum** (**D** B6)
→ *1301 Stanford Drive*
*Tél. (305) 284-3535 Mar.-sam. 10h-16h ; dim. 12h-16h*
Sur le campus de l'université de Miami, le premier et l'un des meilleurs musées des Beaux-arts de Floride, fondé en 1952. Collection permanente de 10 000 pièces : œuvres Renaissance, gréco-romaines, amérindiennes, asiatiques et africaines. Peintures de maîtres, du Tintoret à Stella et Lichtenstein en passant par Gauguin et Picasso. Masques et textiles du Kenya, du Zaïre et du Mali.

★ **Matheson Hammock Park and Marina** (hors plan **D** B6)
→ *9610 Old Cutler Road*
*Tél. (305) 665-5475 Tlj. lever du soleil-coucher du soleil*
En 1930, la famille Matheson fit don de ce lieu au comté afin de le destiner aux loisirs publics. Sur 145 ha : bâtiments en pierre corallienne, pavillons de pique-nique et sentiers de randonnée. La plage sur Biscayne Bay est idéale pour la baignade et les bains de soleil ; la marina, quant à elle, propose diverses activités : plongée, windsurf, location de bateaux...

★ **Fairchild Tropical Garden** (hors plan **D** B6)
→ *10901 Old Cutler Road*
*Tél. (305) 667-1651*
*Tlj. 9h30-16h30*
Un des plus beaux jardins botaniques du monde, grâce à ses espèces tropicales rares : palmiers, cycas et arbres à fleurs. La propriété de 35 ha, ouverte au public en 1938, compte un conservatoire et un musée dédié aux plantes.

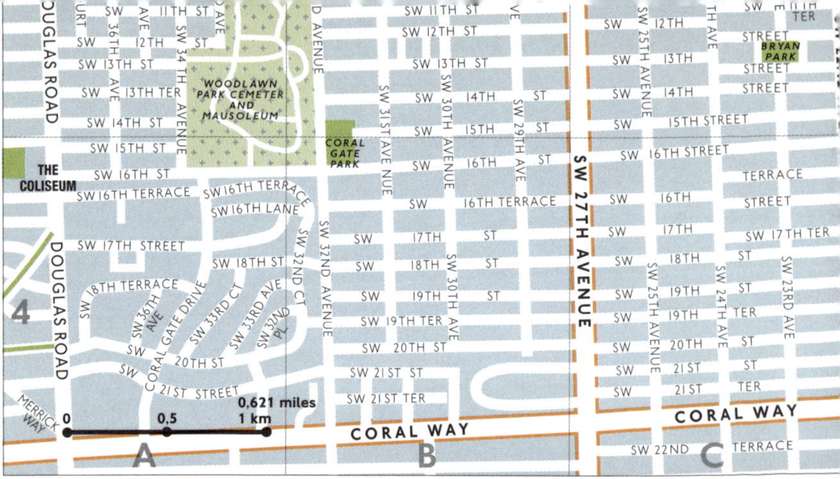

PLAZA DE LA CUBANIDAD

MIAMI HISPANIC BALLET

XAVIER CORTADA ART GALLERY

★ **Calle Ocho Walk of Fame (E** C-D3)
→ *SW 8th Street (entre 12th et 17th Avenue)*
Calle Ocho, cet Hollywood Walk of Fame version cubaine, honore chanteurs, acteurs et artistes hispaniques. En 1989, Gloria Estefan et Miami Sound Machine y reçurent les premières étoiles.

★ **Bay of Pigs Museum (E** D3)
→ *1821 SW 9th Street Tél. (305) 649-4719 Lun.-ven. 9h-16h*
Un musée à la mémoire du débarquement dans la baie des Cochons en 1961, la tentative américaine de renverser Fidel Castro. Exposition d'armes, cartes, et uniformes des hommes morts au combat ou dans les prisons castristes. Dans la bibliothèque, ouverte au public, 2 000 ouvrages – la plupart en espagnol – documentent l'histoire cubaine, le communisme et le combat latino-américain pour la liberté.

★ **Molina Art Gallery (E** D3)
→ *1634 SW 8th Street*
*Tél. (305) 642-0444*
*Lun.-sam. 11h-19h*
Studio-galerie de l'artiste cubain Luis Molina : huiles et gravures de couleurs vives représentant des scènes de folklore afro-cubain ou ayant pour thème la Santería, culte mêlant divinités africaines et saints catholiques.

★ **Viernes Culturales Gallery (E** E3)
→ *742 SW 16th Avenue*
*Tél. (305) 643-5500*
*Lun., mer., ven. 11h-18h*
Une galerie d'art à but non lucratif, tenue par l'équipe organisatrice de la mensuelle *gallery walk*, à Little Havana. Belle sélection d'œuvres cubaines, signées de jeunes talents comme d'artistes confirmés.

★ **Tower Theater (E** E3)
→ *1508 SW 8th Street*
*Tél. (305) 643-1264*
Construit en 1926 et récemment rénové, le Tower Theater fut longtemps la seule salle de cinéma de Miami à projeter des films en anglais sous-titrés en espagnol. Programmation de films sur la communauté latine et productions locales pendant l'annuel Miami International Film Festival.

★ **Domino Park (E** E3)
→ *801 SW 15th Avenue*
*Tlj. 9h-18h*
Officiellement baptisé parc Máximo-Gómez, du nom d'un héros de la guerre d'indépendance cubaine, ce minuscule parc fourmille de vieux Cubains qui

DOMINO PARK – MÁXIMO GÓMEZ

TOWER THEATER

MOLINA ART GALLERY

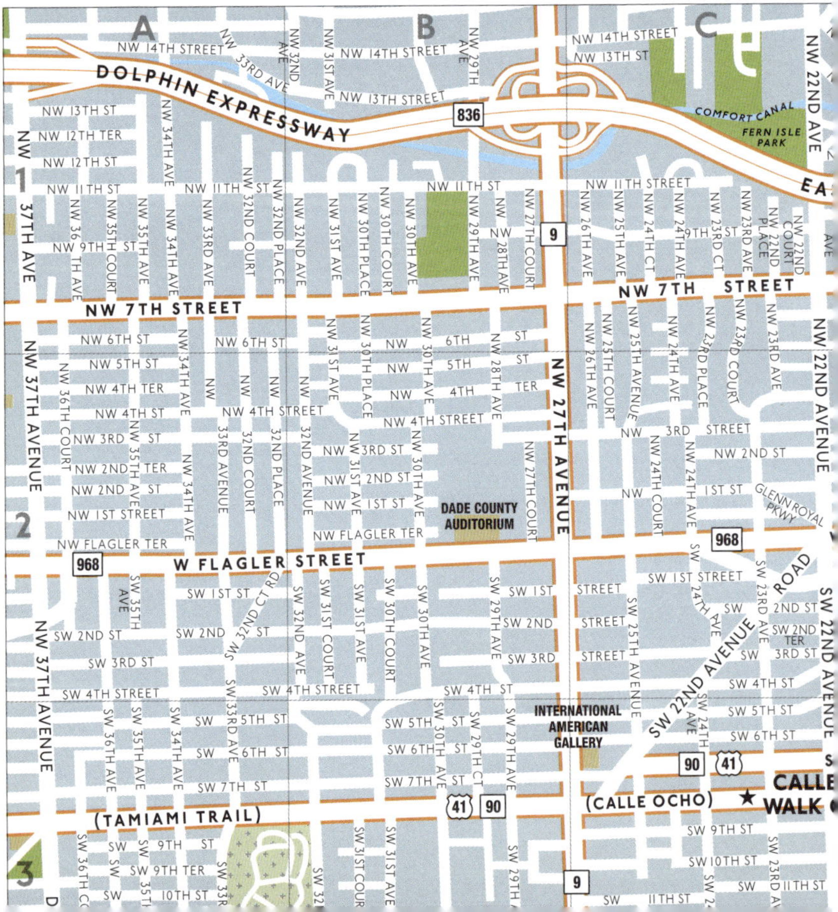

L'influence des centaines d'émigrés cubains, à partir de 1959, a changé le visage de Miami. Une grande majorité a élu domicile dans ce quartier de Downtown, appelé par la suite Little Havana, peu touristique et cœur d'une importante communauté.
Les Cubains ayant récemment migré vers d'autres quartiers, Little Havana a, depuis, adopté Nicaraguayens, Honduriens et autres Latino-Américains. Pour s'imprégner de culture locale, une promenade le long de l'artère principale, Calle Ocho, s'impose. Le dernier vendredi du mois, Viernes Culturales y réunit musiciens, artistes et artisans pour une *fiesta latina* sans pareil !

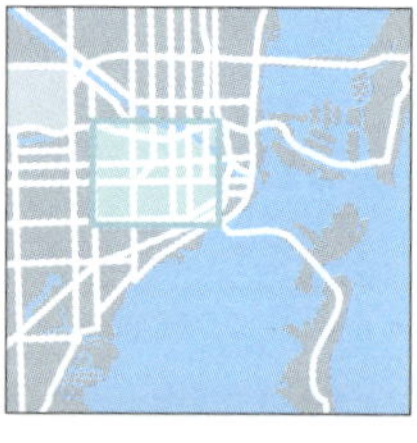

ANTIGUA GUATEMALA

LA CARRETA

## RESTAURANTS

**La Carreta (E** A3)
→ *3632 SW 8th Street*
*Tél. (305) 444-7501 Dim.-jeu. 8h-2h ; ven.-sam. 8h-5h*
Une chaîne de fast-foods cubains, parfaite pour un repas rapide et bon marché. *Croquetas* (brochettes de jambon frit, poulet ou poisson), *arroz y pollo* (poulet au riz) et *plantanos maduros* (plantains frits) sont en tête du menu. Et pour le dessert, le *tres leches* est un must. Carte 5-26$.

**Exquisito Restaurant (E** E3)
→ *1510 SW 8th Street Tél. (305) 643-0227 Tlj. 7h-0h*
Proche de l'Old Tower Theater, ouverte depuis plus de 30 ans, cette cafétéria continue de faire l'unanimité : on y sert l'une des meilleures cuisines cubaines de Miami ! Carte 7-15$.

**Antigua Guatemala Restaurant (E** C2)
→ *2741 W Flagler Street*
*Tél. (305) 643-0304 Dim.-jeu. 8h-23h ; ven.-sam. 8h-0h*
En toute simplicité, une authentique cuisine sud-américaine : *sopas* (soupes) et plats guatémaltèques comme le délicieux *loroco pupusas* (épaisse tortilla de maïs garnie d'un légume typique du Guatemala), *chiles rellenos* (piments verts doux farcis au fromage) et *pacaya* (fleur de palmier comestible). Pour compléter l'expérience, goûter l'un des étonnants jus maison : *horchata de arroz* (au riz), tamarin, *avena con leche* (lait à l'avoine), fruit de la passion ou tout simplement un milk-shake de papaye ou de *trigo* (blé). Carte 7-20$.

**Islas Canarias (E** B2)
→ *285 NW 27th Avenue*
*Tél. (305) 649-0440 Dim.-jeu. 7h-23h ; ven.-sam. 7h-0h*
Les habitués – dont des stars – jurent qu'il n'existe pas de meilleure table à Little Havana. *Kingfish* frit, steak *palomilla* (aux oignons et citron vert), mouton au four et *tortilla española* figurent parmi les mets les plus demandés. Réservation conseillée. Carte 7-20$.

**Hy-Vong (E** A3)
→ *3458 SW 8th Street*
*Tél. (305) 446-3674*
*Mar.-jeu., dim. 18h-23h ; ven.-sam. 18h-23h30*
Malgré l'espace minuscule, le meilleur vietnamien de Miami : poulet à la citronnelle,

VERSAILLES

CASA JUANCHO

CUBA OCHO ART

fines lamelles de porc grillées aux amandes, graines de sésame et cacahuètes. Réservation impérative. Carte 10-17$.

**Versailles Restaurant (E** A3)
→ *3555 SW 8th Street*
*Tél. (305) 444-0240 Dim.-jeu. 8h-2h ; ven.-sam. 8h-4h30*
Un point de repère de la communauté américano-cubaine de Miami, à la fois restaurant et lieu de réunions politiques. Essayer le *picadillo* (ragoût de viande épicé) et la *ropa vieja* (bœuf, poulet et pois chiches). Carte 10-22$.

**Salmon Salmon (E** B1)
→ *2907 NW 7th Street*
*Tél. (305) 649-5924 Lun.-sam. 12h-22h ; dim. 12h-21h*
Observer de généreuses portions de spécialités péruviennes passer par le guichet de la cuisine à la salle à manger, conçue pour ressembler à la cabine d'un bateau de pêche... Mais l'essentiel est dans l'assiette, en particulier le ceviche à base de beaux morceaux de poisson blanc et de patates douces, accompagné de maïs. Carte 13-20$.

**Casa Juancho (E** C3)
→ *2436 SW 8th Street*
*Tél. (305) 642-2452 Dim.-jeu. 12h-oh ; ven.-sam. 12h-1h*
Les étudiants musiciens des universités hispanophones toutes proches accompagnent le repas de musique et de chansons. Tapas, poisson, fruits de mer frais et excellente viande de bœuf. Impressionnante carte de vins d'Espagne et des États-Unis, avec quelques nectars chiliens et argentins. Carte 24-36$.

**Romeo's Café (E** C4)
→ *2257 SW 22nd Street*
*Tél. (305) 859-2228*
*Mar.-jeu. 12h-15h, 18h-23h ; sam. 18h-oh*
Ici pas de menu, le chef, Romeo Majano, demande à chacun de ses clients leurs préférences, avant de mitonner à leur goût un petit plat d'Italie du nord. Le dîner dure deux heures et demie : une vraie expérience gastronomique ! Réservation nécessaire. Menu déjeuner (3 plats) 45 $, dîner (6 plats) 90$.

## GLACIER

**King's Ice Cream (E** D3)
→ *1831 SW 8th Street*
*Tél. (305) 643-1842 Lun.-sam. 10h-22h ; dim. 14h-22h*
Vanille et chocolat sont des valeurs sûres, mais pourquoi ne pas tenter une boule de glace exotique à la pomme sucrée ou à quelque chose de plus mystérieux comme la guanabana ou le mamey ? Également de délicieux *churros*. À emporter uniquement.

## CULTURE, BAR

**Cuba Ocho Art & Research Center (E** E3)
→ *1465 SW 8th Street*
*Tél. (305) 285-5880*
*http://cubaochoartcenter.com*
Un formidable centre d'étude pour l'art, la littérature, et plus généralement la culture cubaines, dans un écrin aux airs de vieille bibliothèque. Pour se détendre après ses recherches : cocktails, restauration et, certains soirs, concerts de *latin jazz*.

**Hoy Como Ayer Bar & Lounge (E** C3)
→ *2212 SW 8th Street*
*Tél. (305) 541-2631*
*Mer.-dim. 21h-3h*
"Aujourd'hui comme hier" : le nom de ce bar, toujours plein, exprime toute la nostalgie d'un Cuba perdu. Sombre et chaud, le lieu vibre de rythmes latins et sa clientèle est la plus sexy de Little Havana (Mick Jagger et Bono y sont passés). Il faut prendre un verre au comptoir ou à une table, puis esquisser quelques pas de salsa ou de merengue sur la piste de danse. Le mojito est de mise !

## SHOPPING

**Lily's Records (E** D3)
→ *1419 SW 8th Street*
*Tél. (305) 856-0536 Lun.-sam. 9h-21h ; dim. 10h-17h*
Une impressionnante sélection de musique latine, de tous styles (bachata, rock latino, salsa...) et de tous pays (Cuba, Saint-Domingue, Venezuela, Mexique...) confondus...
Un équipement professionnel permet d'enregistrer sa propre musique.

**Little Havana To Go (E** E3)
→ *1442 SW 8th Street*
*Tél. (305) 857-9720 Lun.-sam. 10h-17h ; dim. 10h-16h*
Boutique de souvenirs et café à la fois : objets d'art latino-américains, dominos, cigares, vêtements, livres et CD. À explorer en dégustant une tasse de café ou un verre de jus de noix de coco frais.

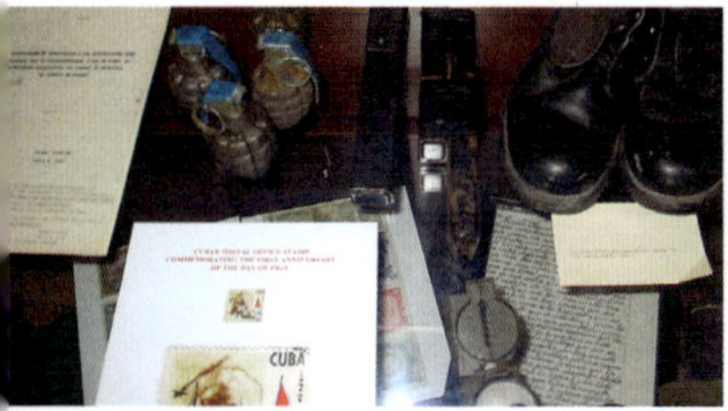

BAY OF PIGS MUSEUM

VIERNES CULTURALES GALLERY

▼ Plan A

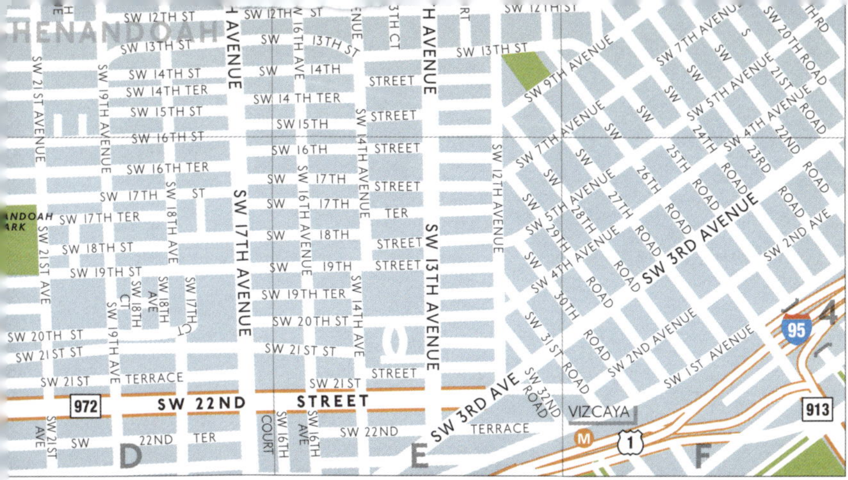


Plan C

CALLE OCHO WALK OF FAME

EL CRÉDITO CIGAR FACTORY

ouent aux dominos tout en échangeant leurs vues politiques et leurs souvenirs nostalgiques. Un ieu idéal pour se détendre, un café *cubano* à la main.

**★ El Crédito Cigar Factory (E** E3)
→ *1106 SW 8th Street*
*Tél. (305) 858-4162 Lun.-ven. 9h-17h ; sam. 9h-16h*
En 1959 le maître du cigare cubain, Ernesto Pérez-Carrillo Sr, s'enfuit de Cuba avec sa famille. Il s'installe à Miami, où il établit, en 1968, une fabrique. Un tour guidé permet d'apprécier l'art et la manière de rouler es cigares à la main. À la boutique, vente de cigares La Gloria Cubana et El Rico Habano.

**★ Xavier Cortada Art Gallery**
(hors plan **E** F3)
→ *104 SW 9th Street*
*Tél. (305) 858-1323*
*Galerie fermée ; informations sur www.cortada.com*
Par son travail, le peintre américano-cubain Xavier Cortada a contribué à affiner et confirmer le modernisme cubain, une forme d'expressionnisme axée sur l'utilisation de couleurs tropicales vives et de contours noirs. Ses peintures murales, ayant pour thèmes le Cuba historique, le rêve américain, le sida ou les sports, ont été exposées à la Maison blanche, au Capitole de Floride, au Miami Art Museum et sur tous les murs de Little Havana.

**★ Miami Hispanic Ballet / Creation Arts Center (E** F2)
→ *900 SW 1st Street*
*Tél. (305) 549-7711*
*www.miamihispanicballet.org*
Siège du Miami Hispanic Ballet, une église de rite baptiste édifiée en 1959 et par la suite convertie en théâtre de deux étages et 839 places. Danse classique, contemporaine, et programmes multidisciplinaires et multiculturels.

**★ Plaza de la Cubanidad (E** D2)
→ *W Flagler et 17th Avenue*
Une place dédiée aux patriotes cubains, dont le révolutionnaire José Martí, qui lutta contre le colonialisme espagnol, ainsi qu'aux *balseros* qui périrent en essayant d'échapper en radeau au communisme. C'est ici que se réunit le mouvement contre le rapatriement du jeune réfugié cubain Elian Gonzalez, dont la mère s'était noyée lors de la traversée entre Cuba et la Floride en 1999.

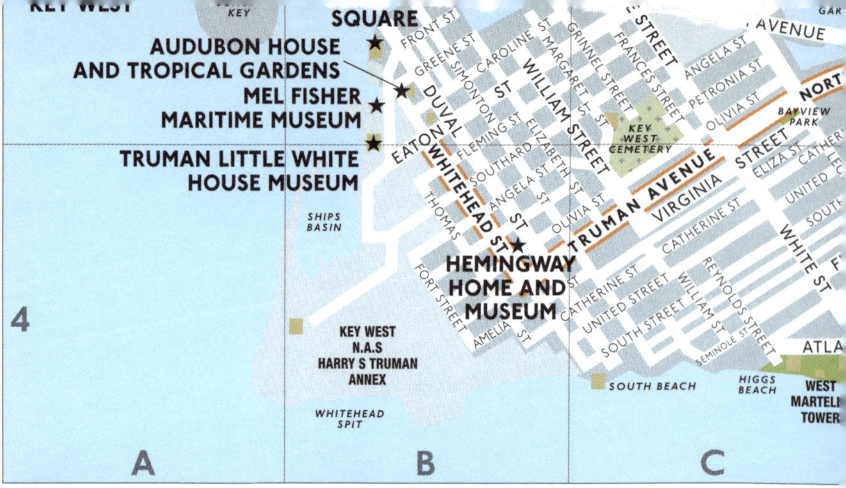

TRUMAN LITTLE WHITE HOUSE MUSEUM

THEATER OF THE SEA

★ **Theater of the Sea (F F1)**
➔ *84721 Overseas Highway, Islamorada Tél. (305) 664-2431* ***Billetterie*** *Tlj. 9h30-16h*
Spectacles de dauphins et d'otaries, aquarium géant, découverte en bateau des lagons d'eau salée où évoluent requins, tortues de mer et crocodiles... Sans oublier le plaisir de nager avec les dauphins.

★ **Captain Hook's Marina and Dive Center (F D2)**
➔ *11833 Overseas Highway, Marathon, Key Vaca Tél. (305) 743-2444*
Depuis cinquante ans, tout ce qu'il faut pour la pêche et la plongée – sous-marine ou avec masque et tuba. Les épaves locales font le bonheur des plongeurs pendant que les pêcheurs taquinent le poisson. Organisation de croisières écologiques pour découvrir les Keys et les Everglades.

★ **Big Pine Kayak Adventures (F C2)**
➔ *The Old Wooden Bridge Fishing Camp Marina, Big Pine Key Tél. (305) 872-7474 Tlj. Téléphoner pour réserver*
Pour une visite à la fois pittoresque et athlétique des Keys : une balade en kayak avec le célèbre guide Bill Keogh. Au programme : requins, dauphins, raies et une multitude d'oiseaux ! Prévoir protection solaire, crème antimoustique et eau minérale. Possibilité de location de bateaux de pêche.

★ **National Key Deer Refuge (F C2)**
➔ *28950 Watson Boulevard, Big Pine Key Tél. (305) 872-2239* ***Centre d'accueil*** *Lun.-ven. 9h-16h (lun.-sam. en haute saison)* ***Refuge*** *Fermeture à la tombée de la nuit*
Sur ce refuge de 3,5 ha, aigles, alligators, serpents à sonnette et autres espèces menacées ou en voie de disparition, tiennent compagnie aux 300 et quelque chevreuils nains, et à une variété de cerfs endémiques des Keys. Magnifique promenade à travers les bois en suivant le Watson Nature Trail.

★ **Key West Mallory Square (F B3)**
➔ *300 Front Street*
À l'extrémité nord de Key West, Mallory Square, une esplanade célèbre pour ses couchers de soleil flamboyants, attire tous les soirs une foule bigarrée de touristes, de marchands ambulants et d'artistes de rue. La journée, les bateaux de croisière y font escale pour débarquer leurs passagers.

MALLORY SQUARE

HEMINGWAY HOME AND MUSEUM

SMATHERS BEACH

**Les 45 célèbres îles ponctuant l'étroit archipel des Keys, au sud de Biscayne Bay, sont un endroit idéal pour la pêche à la ligne et en eau profonde. Conduire à travers, c'est pénétrer dans des paysages azurs aux dégradés de bleus, entre eaux foncées et ciels pastel, qui se fondent jusqu'à effacer l'horizon. Au bout de la route : Key West, ses maisons coquettes, ses rues bordées d'arbres tropicaux, ses jardins aux effluves de jasmin et de tubéreuse. Un charme certain, auquel ont succombé, entre autres, Ernest Hemingway, Tennessee Williams et le président Truman... C'est l'une des destinations les plus visitées du pays.**

**THE FISH HOUSE ENCORE !**

**ANTONIA'S**

## RESTAURANTS

**Jimmy Buffett's Margaritaville Café (F** B4)
→ *500 Duval Street*
*Tél. (305) 292-1435*
*Tlj. 11h-1h*
Un café du nom de la chanson la plus populaire du compositeur et interprète Jimmy Buffett. Soupe épaisse de conques façon Bahamas, crevettes roses Key West et *cheeseburger in paradise*. Carte 6-19$.

**Origami (F** B4)
→ *1075 Duval Street*
*Tél. (305) 294-0092*
*Tlj. 18h-22h*
Un des meilleurs restaurants japonais de Key West. À l'intérieur ou dans le ravissant jardin : salade d'algues, poulet *teriyaki*, sushis... Menu enfant. Carte 10-30$.

**The Fish House ENCORE ! (F** F1)
→ *102341 Overseas Highway Tél. (305) 451-0650*
*Lun., mer.-sam. 17h-22h30*
Ambiance Key Largo décontractée dans cette annexe du Fish House. Au menu : *mahimahi*, homard, mouton, poulet Cayman et crabes (d'oct. à mai). Piano-bar à l'intérieur ou dîner sous le ciel étoilé dans le patio. Carte 14-30$.

**Antonia's (F** B4)
→ *615 Duval Street*
*Tél. (305) 294-6565*
*Tlj. 18h-23h*
Cet élégant restaurant italien sert du thon en croûte de poivre, des pâtes maison et du bifteck Key West. Pour leurs nouvelles recettes, les propriétaires vont régulièrement chercher l'inspiration en Italie. Carte 19-35$.

**Café Marquesa (F** B4)
→ *The Marquesa Hotel, 600 Fleming Street*
*Tél. (305) 292-1244*
*Tlj. 18h-22h (23h bar)*
Le chef Susan Ferry tire son inspiration de toutes les cuisines du monde et change tous les jours son menu. Parmi les constantes, le carré d'agneau en croûte de fromage de chèvre et pistaches ou le magret de canard poêlé à la sauce au kaki. Impressionnante carte des vins. Réserver, il n'y a que 14 tables ! Carte 21-39$.

**Louie's Backyard / The Afterdeck (F** C4)
→ *700 Waddell Ave (South Street) Tél. (305) 294-1061*
*Tlj. 11h30-15h, 18h-22h30 (11h30-1h au Afterdeck)*

CLINTON SQUARE MARKET

CAPTAIN TONY'S SALOON

LORELEI RESTAURANT & CABANA BAR

Le célèbre chef Norman Van Aken a fait la réputation de ce restaurant qui demeure, avec Doug Shook aux commandes, un haut lieu gastronomique : pêche du jour, coquilles saint-jacques braisées au cumin, et crevettes de Key West sautées aux champignons et gruau de maïs. Préférer l'*afterdeck* (arrière-pont), avec vue sur la mer. Réserver. Carte 30-40$.

**Little Palm Island Resort & Spa (F B2)**
→ *28500 Overseas Highway À 30 min au nord de Key West sur Little Torch Key Tél. (305) 872-2551 Départ des bateaux 11h30, 12h30, 13h30 pour le déjeuner ; 17h30, 18h30, 19h30 pour le dîner*
Un *resort* de luxe sur une île minuscule, idéal pour échapper à la foule et s'offrir un tête-à-tête romantique. Au restaurant, ouvert aux non-résidents, cuisine d'inspiration européenne, caribéenne et asiatique. Essayer le *yellowtail snapper* (vivaneau à queue jaune) poêlé, ou le ragoût de crevettes et palourdes. Réservation impérative. Carte 50$ et plus.

## BARS

**Sloppy Joe's (F B3)**
→ *201 Duval Street Tél. (305) 294-5717 Tlj. 9h-4h*
Ce bar de 1933 doit sa réputation à l'un de ses habitués : Ernest Hemingway. Sa boisson préférée ? Le Papa Dobles : rhum, grenadine, jus de pamplemousse, sirop de citron, eau de seltz et une tranche de citron vert.

**Captain Tony's Saloon (F B3)**
→ *428 Greene Street Tél. (305) 294-1838 Lun.-sam. 10h-2h ; dim. 12h-2h*
À l'emplacement originel du Sloppy Joe's, ce bar clâme aussi avoir été le préféré de Hemingway. Installé dans une ancienne morgue, il a gardé une atmosphère quelque peu lugubre. Bondé les soirs de concerts.

**Lorelei Restaurant & Cabana Bar (F D2)**
→ *MM 82 Bayside, Islamorada Tél. (305) 664-2692 Tlj. 17h-0h*
Pour écouter des sessions *live* de rock en savourant une bière fraîche au bar en plein air, tout en surveillant les allées et venues dans la marina voisine. Spectacle de magie pour adultes les soirs de week-end.

**Hog's Breath Saloon (F B3)**
→ *400 Front Street Tél. (305) 296-4222 Tlj. 10h-2h*
Ouvert en 1976, un bar de motards où l'alcool coule à flot et où les concerts s'enchaînent !

**Thai Life Restaurant (F D3)**
→ *1801 N Roosevelt Blvd Tél. (305) 296-9907 Tlj. 11h-23h*
Un bar-restaurant thaï flottant de deux étages éclairé par des guirlandes, idéal pour s'imprégner de l'ambiance de la ville. Au menu : poissons et fruits de mer pêchés sur place.

## SHOPPING

**Clinton Square Market (F B3)**
→ *291 Front Street Tlj. 9h-19h*
Pittoresque ancien bastion naval, situé à proximité de Mallory Square : une vingtaine de boutiques dont l'une vend des papillons !

**Bahama Village Market (F C3)**
→ *Entre Petronia Street et Whitehead Street Horaires variables selon l'établissement*
Dans le quartier de Bahama Village, nommé ainsi pour ses premiers résidents d'origine bahaméenne, un méli-mélo de magasins et de restaurants : Besame Mucho, boutique excentrique où l'on trouve de tout, et The Tropical Shell & Gifts qui vend cadeaux et bibelots locaux.

**Wyland Galleries (F B3)**
→ *102 Duval Street Tél. (305) 294-5240 Dim.-jeu. 9h-22h ; ven.-sam. 9h-23h*
Un espace entièrement consacré à la production prolifique de Wyland, peintre de dauphins, de baleines et de paysages océaniens. Également une collection rare de verre sculpté.

**Whitfield Jack Jewelry Genius (F B3)**
→ *200 Elizabeth Street Tél. (305) 294-7092 Lun.-sam. 10h-16h*
Depuis plus de 25 ans, Whitfield Jack crée des bijoux célébrant son amour pour les îles et l'océan : boucles d'oreille en perle, bagues en forme de dauphin, pendenloques en or de Key West... et beaucoup plus.

AUDUBON HOUSE AND TROPICAL GARDENS

MEL FISHER MARITIME MUSEUM

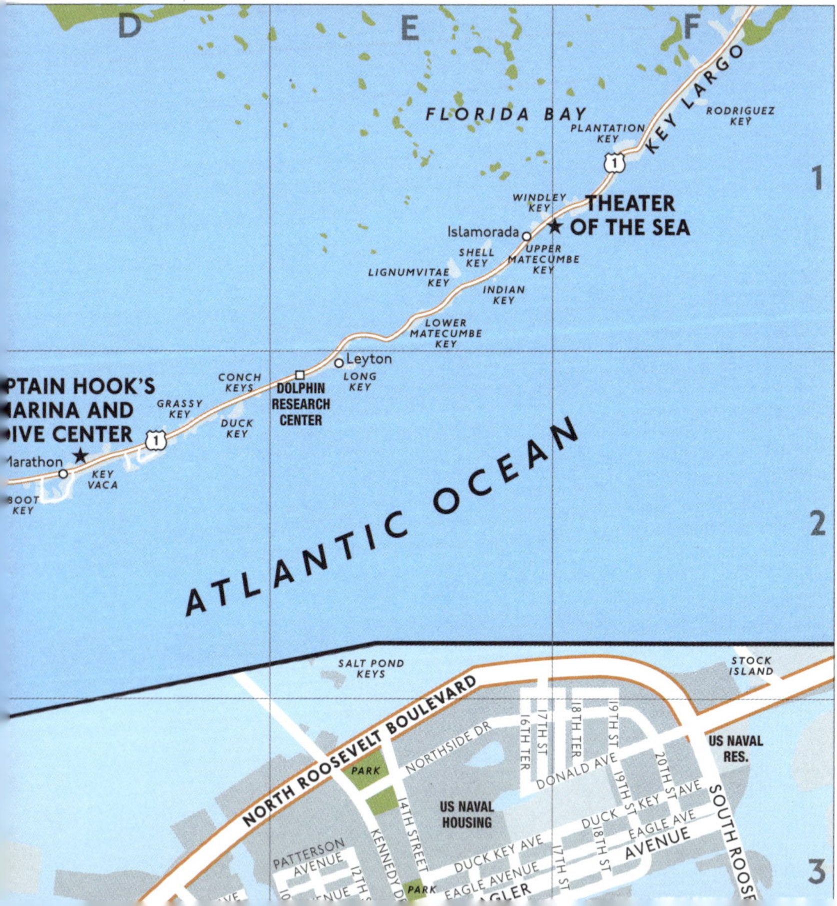

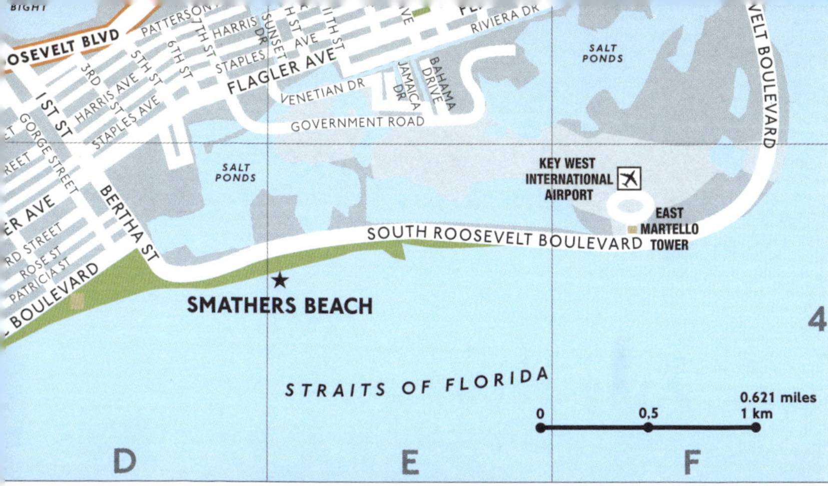

ATIONAL KEY DEER REFUGE

CAPTAIN HOOK'S MARINA AND DIVE CENTER

BIG PINE KAYAK ADVENTURES

**udubon House and ropical Gardens (F** B3)
→ *205 Whitehead Street*
*él. (305) 294-2116 Tlj. 9h30-17h*
ppartenant à la famille eiger depuis 120 ans, ette maison de 1830 abrite ne collection de meubles nciens, de peintures ainsi ue de planches originales u naturaliste John James udubon sur la faune de ey West. Jardin botanique, erre d'orchidées et e broméliacées.

**Mel Fisher Maritime Museum (F** B3)
→ *200 Greene Street*
*él. (305) 294-2633 Lun.-ven. h30-17h ; w.-e. 9h30-17h*
Mel Fisher, chasseur de trésors sous-marins, fit sensation en 1985 en découvrant les épaves de deux riches galions espagnols ayant sombré en 1662 au large des Keys. Le musée présente un historique de l'archéologie des naufrages et une partie des trésors récoltés par Fisher au fil des ans : lingots d'or et d'argent, pièces de monnaies, bijoux, crucifix ainsi qu'une émeraude de 77,777 carats.

**Truman Little White House Museum (F** B3)
→ *111 Front Street*
*Tél. (305) 294-9911 Tlj. 9h-16h30*
Après la Seconde Guerre Mondiale, épuisé, Harry S. Truman passa 175 jours dans cet ancien quartier général des officiers de marine de Key West, devenu une annexe de la Maison blanche. Les présidents Eisenhower et Kennedy y séjournèrent par la suite. La visite guidée offre à voir, entre autres, le fameux bureau transformable en table de poker de Truman.

**Hemingway Home and Museum (F** B4)
→ *907 Whitehead Street*
*Tél. (305) 294-1136 Tlj. 9h-17h*
Hemingway y vécut avec sa deuxième épouse, Pauline, de 1931 à 1940. Demeure de style colonial de 1851 entourée de banians et de palmiers nains où parade la prétendue progéniture des chats à six griffes de l'écrivain. Tour guidé de 30 min : demander à voir la table sur laquelle l'auteur a écrit *Pour qui sonne le glas ?*

**Smathers Beach (F** E4)
→ *South Roosevelt Boulevard*
Avec 3,2 km de long, la plage la plus étendue et la plus prisée de Key West. Il n'est pas rare d'apercevoir des dauphins bondir hors de l'eau, à l'horizon ! Plus loin sur Roosevelt Boulevard, Higgs Beach attire la communauté gay locale.

THE SHORE CLUB

THE DELANO

THE RALEIGH

Des balançoires sur la véranda, une collection de puzzles dans le hall, le Bound Street Lounge au sous-sol et l'une des plus belles terrasses de SoBe sur le toit. Que demander de plus ? Des prix abordables ! Que pratique ce *boutique hotel* d'un blanc éclatant, l'une des meilleures adresses de la plage ! À partir de 145$.

**La Concha Hotel (F** B3)
→ *430 Duval Street, Key West*
*Tél. (305) 296-2991*
*www.laconchakeywest.com*
Un mélange de style Art déco et d'architecture des Keys pour ce Crown Plaza Hotel des années 1920. 150 chambres et 10 suites : meubles anciens, chaises en osier, lits à colonnes et rideaux de dentelle. Des écrivains célèbres et des présidents (Tennessee William, Harry Truman…) y ont séjourné. À partir de 179$.

**Curry Mansion Inn (F** B3)
→ *511 Caroline Street, Key West*
*Tél. (305) 294-5349*
*www.currymansion.com*
*Bed and breakfast* adjacent à l'original Curry Mansion, bâti en 1899. 28 chambres élégantes, la plupart dans un joli cadre, avec vue sur la piscine. Mobilier ancien et en osier, bar, TV, air conditionné et ventilateurs au plafond. Délicieux petit déjeuner chaud sur commande et bar gratuit de 17h à 19h. À partir de 195$.

**Sagamore Hotel (B** C2)
→ *1671 Collins Avenue (Lincoln Rd)*
*Tél. (305) 535-8088*
*www.sagamorehotel.com*
Dans cet hôtel design, sur la plage : 93 suites à une ou deux chambres, 16 bungalows sur le sable, 8 appartements sur le toit. Le tout baigné de blanc et meublé de bois sombre. Restaurant matin, midi et soir. À partir de 215$.

**JW Marriott Hotel Miami (A** B5)
→ *1109 Brickell Avenue*
*Tél. (305) 374-1224*
*www.marriott.com/miajw*
Au cœur du Financial district de Miami, un hôtel de 22 étages aussi centre d'affaires, inauguré en octobre 2000. Chambres confortables et tous les équipements modernes possibles. Restaurant et bar. À partir de 229$.

**The National Hotel (B** C2)
→ *1677 Collins Avenue (Lincoln Rd)*
*Tél. (305) 532-2311*
*www.nationalhotel.com*
Cet hôtel historique au bord de l'eau a retrouvé son élégant décor Art déco. Chambres dans la tour avec vues magnifiques sur l'océan et South Beach. Les suites de

## TRANSPORTS EN COMMUN

**Miami-Dade Transit**
→ *Tél. (305) 891-3131*
*www.co.miami-dade.fl.us/transit*

**MetroMover**
→ *Gratuit*
Trains sans conducteur traversant Downtown sur une courbe surélevée de 7 km. 20 arrêts.

**MetroRail**
→ *Ticket 2$*
Métro aérien desservant 22 stations à Downtown, de Hialeah au nord à Kendall au sud. Connexions avec le MetroMover.

**MetroBus**
→ *Ticket 2$*
Plus de 90 itinéraires. Connexions avec leMetroMover.

**7-days Visitor Passport**
→ *26$*
Utilisation illimitée, pendant une semaine, du MetroBus et du MetroRail.

## TAXI, VOITURE

**Taxi**
→ *Prise en charge 2,50$ pour le premier 1/6 de mile puis 0,40$ tout les 1/6 de mile ; attente 0,40$/min*
Faciles à trouver dans la ville.

**Voiture**
Limitation de vitesse : 30 miles/h. Sur les autoroutes, sauf avis contraire : 55 miles/h.

**Parkings**
→ *Tarif 0,25 $/15 min*
Nombreux dans les quartiers touristiques. Se garer dans la rue est une bonne option mais les places sont difficiles à débusquer.

## AÉROPORT

**Miami International Airport**
→ *www.miami-airport.com*
À 16 km au nord-ouest de Downtown Miami.
**Liaisons centre-ville**
Tri-Rail
→ *4h15-21h40 : départ toutes les 30-60 min, de l'aéroport vers la station de transfert puis MetroRail jusqu'à Downtown*
*Aller simple 2,50-5$*
Taxi
→ *Tél. (305) 888-8888*
*Tarif 21$ pour Downtown, 32$ jusqu'à SoBe*
SuperShuttle (taxi collectif)
→ *Tél. (305) 871-2000*
*14$ (Downtown)-19$ (SoBe)*

**ACCÈS À MIAMI**

*Sauf mention contraire, les prix indiqués sont ceux d'une chambre double avec salle de bains (sdb), taxe hôtelière non comprise (13 % du prix de la chambre). Réservation conseillée.*

## MOINS DE 130$

**Miami River Inn (E** F2)
→ *118 SW South River Drive*
*Tél. (305) 325-0045*
*www.miamiriverinn.com*
Un des rares *bed and breakfast* de Miami, entre Downtown et Little Havana. Réparti en 4 villas de 40 chambres avec parquet et meubles en cuivre, bois et rotin. À partir de 89$.

**The Conch House (F** C4)
→ *625 Truman Avenue, Key West*
*Tél. (305) 293-0020*
*www.conchhouse.com*
Charmant *bed and breakfast* de deux étages, tenu par l'arrière-petit-fils du propriétaire d'origine. Rénovée en 1993, la demeure mêle styles bahamien et victorien : plafonds hauts, volets et palissades en bois. 108-168$.

**Best Western Atlantic Beach Resort**
(hors plan **B** D1)
→ *4101 Collins Avenue (W 41st St)*
*Tél. (305) 673-3337*
*www.bestwestern.com*
Hôtel de 182 chambres à prix raisonnables, à la périphérie de South Beach. Petit déjeuner continental, journaux et appels locaux offerts. À partir de 109$.

**The Albion Hotel (B** C2)
→ *1650 James Avenue*
*Tél. (305) 913-1000*
*www.rubellhotels.com*
Hôtel de la chaîne Rubell, chef-d'œuvre Art déco en forme de paquebot, réalisé par Igor Polevitsky en 1939 et réactualisé par Carlos Zapata. Chambres modernes – bois d'érable blond et acier –, plusieurs restaurants et célèbre piscine avec des hublots sous l'eau. Gratuit pour les moins de 12 ans. À partir de 109$.

**The Doubletree by Hilton Grand Hotel Biscayne Bay (A** C1-2)
→ *1717 N Bayshore Drive*
*Tél. (305) 372-0313*
*www.doubletree.com*
Luxueux hôtel au bord de l'eau et sa vue époustouflante sur la baie de Biscayne. Tout le confort moderne. À partir de 119$.

**Cardozo Hotel (B** C3)
→ *1300 Ocean Drive*
*Tél. (305) 535-6500*
*www.cardozohotel.com*
La chanteuse Gloria Estefan et son époux ont restauré ce bâtiment Art déco (1939) d'exception : 43 chambres aux tonalités crème et terre cuite avec finitions en merisier et fer forgé. Le Cardozo Café propose un buffet à tous, matin, midi et soir. Bar et spectacles. À partir de 127$.

**Hotel Place St. Michel (D** C2)
→ *162 Alcazar Avenue*
*Tél. (305) 444-1666*
*www.hotelstmichel.com*
Sans doute le plus joli *boutique hotel* de Coral Gables. Petit immeuble de 1926, restauré dans son esprit d'origine. Intime et pittoresque, il comprend 27 chambres et un restaurant, le Gaetano's, réputé pour sa cuisine italienne teintée d'un zeste d'influence locale... À partir de 129$.

## 130-240$

**The Townhouse (B** C1)
→ *150 20th Street*
*Tél. (305) 534-3800*
*www.townhousehotel.com*

# Vivre à l'heure de Miami !

## 10 bonnes idées pour découvrir Miami autrement !

**Bruncher au Biltmore Hotel (D B4)**
Le must des dimanches à Miami : le brunch de ce légendaire hôtel du quartier de Coral Gables, favori des dirigeants et célébrités du monde entier depuis son ouverture dans les années 1920. Caviar, saumon, fruits de mer, sushis... le tout arrosé de champagne et conclu par un véritable mur de desserts !
→ *Dim. 10h-14h, 75$*

**Goûter la *Key lime pie***
Jaune d'œuf, lait concentré et citron vert des Keys sur une pâte de biscuit, le tout recouvert d'une meringue : voilà la recette de la pâtisserie incontournable du sud de la Floride, que les pêcheurs locaux mangeaient déjà au XIXe s. Depuis 2006, la *Key lime pie* est... la tarte officielle de l'État de Floride !
→ *À goûter au restaurant Gibraltar* (**C** E2), *mais aussi partout en ville, et surtout dans les Keys*

**Assister à un match de football américain**
... et applaudir les Dolphins de Miami ! L'équipe locale, qui compte deux victoires au Super Bowl (en 1972 et 1973) et où évolua pendant 17 ans le célèbre *quarterback* Dan Marino, se produit dans le superbe Sun Life Stadium 75 000 places). Ambiance garantie !
→ *Sun Life Stadium NW 199th St, à Carol City (au nord de Miami) Réservations Tél. (305) 623-6100 ou www.sunlifestadium.com*

**Aller à la plage**
Rares sont les métropoles pouvant s'enorgueillir de superbes plages en pleine ville ! C'est aussi cela le charme de Miami. La plus belle des plages se trouve sur l'île de Miami, à l'est de Lummus Park (**B** C4). Au nord, les plages de Fort Lauderdale et Hollywood sont aussi très prisées.
→ *Attention : signaux et drapeaux rouges indiquent des courants forts ou la présence de requins et autres animaux marins dangereux*

**Faire du shopping sur Lincoln Road (E B2-C2)**
Ou la rue la plus hype de Miami ! Piéton, Lincoln Road Mall (**B** B2) en est l'épicentre. Boutiques branchées, restaurants avec terrasse, galeries d'art... Il faut s'habiller chez Base (**B** B2) et se chausser chez le célèbre Steve Madden (**B** B2), mais les magasins se comptent ici par dizaines !

**Louer une Harley-Davidson**
En Floride, où se trouve la première destination de motards aux États-Unis (Daytona Beach),

LA FÊTE À SOUTH BEACH

SLOPPY JOE'S, KEY WEST

HARLEY-DAVIDSON

VIERNES CULTURALES

Transports et hôtels à Miami

les conditions climatiques idéales incitent à enfourcher une moto et à foncer le nez au vent. C'est le moyen de transport rêvé pour longer les plages de la côte, ou traverser l'archipel des Keys **(F)** jusqu'au bout de la route... Et la Harley-Davidson l'occasion de s'offrir un morceau du mythe américain !

→ *American Rider, 2750 SW 26th Ave., Coconut Grove Tél. (305) 392 9940 ou, plus près des Keys, Peterson's Harley-Davidson South, 19825 South Dixie Highway, Cutler Bay Tél. (305) 235-4023*

**Faire du kayak à Key Biscayne**

Il fait bon voguer sur les eaux émeraude de la baie de Key Biscayne **(C** F4), une île facilement accessible au sud-ouest de Downtown. En toile de fond : les gratte-ciel de Miami ! Les plongeurs pourront apercevoir poissons tropicaux, raies, et peut-être tortues de mer, dauphins et lamantins.

→ *Pour des visites guidées ou simplement louer son équipement : Eco Adventure, 4000 Crandon Boulevard, Tél. (305) 365-3018*

**Encourager les Miami Heat**

Pour vivre l'ambiance survoltée des matchs de basket-ball américain ! La jeune équipe (1988), portée par le grand Shaquille O'Neal, remporta le championnat NBA en 2006, et reste l'une des meilleures du pays. Elle évolue dans l'American Airlines Arena **(A** C3), son sanctuaire surchauffé de 19 600 places.

→ *Réservations en ligne sur www.aaarena.com*

**Participer aux Viernes Culturales**

Les "vendredis culturels", ou l'événement idéal pour s'imprégner de culture latino-américaine ! Le dernier vendredi du mois, ils rassemblent musiciens, artistes, artisans et habitants sur la Calle Ocho, à Little Havana **(E)** : dégustation de cuisine du Sud, expositions, concerts ou salsa en plein air, dans une ambiance chaleureuse et bon enfant.

→ *Programme sur www.viernesculturales.org*

**Faire la fête jusqu'au bout de la nuit**

Miami Beach possède les clubs parmi les plus réputés de la planète et ses rues grouillent de monde jusqu'aux petites heures du matin. Pour faire la fête, direction South Beach **(B)**, rendez-vous des meilleurs DJ du moment et des stars... plus ou moins célèbres.

→ *Outre le Nikki Beach Club* ***(B** C6), essayer Set* ***(B** C2), 320 Lincoln Road, www.setmiami.com, et Mansion* ***(B** C3), 1235 Washington Ave., www.mansionmiami.com*

KEY BISCAYNE

FOOTBALL AMÉRICAIN AU SUN LIFE STADIUM

Transports et hôtels à Miami

**EXCURSIONS DANS LES EVERGLADES**

classiques mais modernes, donnant sur l'océan. Piscine à débordement, deux restaurants et le plus grand spa de la région. À partir de 280$.

**The Raleigh (B** B2)
→ *1775 Collins Avenue (18th St)*
*Tél. (305) 534-6300*
*www.raleighhotel.com*
Esther Williams a tourné des scènes devenues célèbres dans la piscine en forme de lagon. L'hôtelier André Balasz, qui a depuis cédé l'établissement, a remis au goût du jour les 104 chambres de cet immeuble Art déco de L. Murray Dixon. Profiter aussi du spa et de la véranda du restaurant, qui donne sur la piscine. À partir de 285$.

**The Standard (B** A2)
→ *40 Island Avenue*
*Tél. (305) 673-1717*
*www.standardhotels.com*
Un hôtel-spa sur un îlot isolé, à 5 min de la plage. Dans la pureté d'un décor à la suédoise, bains de boue, hammams, méditation et cours de yoga, permettent d'échapper à l'agitation de la ville. La piscine à débordement se prolonge vers la mer et offre des vues spectaculaires de la baie. À partir de 299$.

## PLUS DE 300$

**The Tides Hotel (B** C3)
→ *1220 Ocean Drive (12th St)*
*Tél. (305) 604-5070*
*www.tidessouthbeach.com*
Les 45 chambres de ce charmant édifice Art déco, aux tonalités blanches et beiges et toutes équipées d'un télescope, ouvrent sur l'Atlantique. Une piscine et un restaurant gastronomique : La Marea. 335-500$.

**The Delano (B** C2)
→ *1685 Collins Avenue (Lincoln Rd)*
*Tél. (305) 672-2000*
*www.morganshotelgroup.com*
Philippe Starck l'a voulu chic et informel… Cet hôtel au bord de l'océan accueille ses clients dans des chambres immaculées. Piscine à débordement avec cabines privées et spa sur le toit avec vue à 360° sur Miami Beach. À partir de 380$.

**The Setai (B** D1)
→ *2001 Collins Avenue (19th Street)*
*Tél. (305) 520-6100*
*www.setai.com*
Le plus stylé, le plus exclusif, le plus luxueux… Le Setai est un hôtel de rêve ! Déco épurée aux influences asiatiques, bar à ciel ouvert, spa donnant sur les arbres, 3 piscines et des prix à l'avenant. À partir de 550$.

## EXCURSIONS DANS LES EVERGLADES

**Miccosukee Indian Village**
→ *Mile Marker 70, Tamiami Trail (Miami-Dade County)*
*Tél. (305) 552-8365 Tlj. 9h-17h*
Il faut prendre le temps de visiter cet authentique village indien où les Miccosukees se consacrent à l'artisanat traditionnel et parlent leur propre langue. Au XIXᵉ s., après guerres et conflits avec le gouvernement fédéral, les Miccosukees de Floride et leurs "cousins" les Séminoles se sont retirés vers l'intérieur des Everglades, où ils ont réussi à maintenir leurs coutumes et un certain degré d'autonomie. L'occasion d'assister à un combat d'alligators ou de s'offrir des sensations fortes en hydroglisseur. Mais aussi de comprendre le mode de vie des Miccosukees et leur culture au musée.

**Miccosukee Restaurant**
→ *Mile Marker 70, Tamiami Trail (Miami-Dade County)*
*Tél. (305) 223-8380*
Face à l'entrée de Shark Valley de l'Everglades National Park, cet historique restaurant amérindien sert des hamburgers et des sandwichs de poulet, mais aussi des queues d'alligator, des cuisses de grenouilles et du poisson-chat des Everglades. Préférer une table près de la fenêtre ou à l'extérieur, mais attention à la chaleur et aux moustiques.

# Transports à Miami

**MIAMI METROZOO**

**JOANIE'S BLUE CRAB CAFÉ**

**MIAMI METROZOO**

**LES EVERGLADES**

luxe sont dotées d'une terrasse privée et donnent sur l'élégante piscine à débordement.
À partir de 230$.

**Hotel Victor (B** C3)
*→ 1144 Ocean Drive (12th St)*
*Tél. (305) 428 1234*
*www.hotelvictorsouthbeach.com*
Jacques Garcia, le décorateur parisien, a créé la palette de couleurs et le mobilier des 91 chambres et suites avec vue sur l'océan. Un restaurant et le V Bar and Lounge avec son aquarium de méduses complètent l'ensemble.
À partir de 230$.

**Casa Marina Resort (F** C4)
*→ 1500 Reynolds Street, Key West Tél. (800) 626-0777*
*www.casamarinaresort.com*
Construit sur une plage privée au début des années 1900 par le magnat du chemin de fer Henry Flagler, cet hôtel de 311 chambres, membre du groupe Waldorf-Astoria, possède deux piscines au bord de l'océan et un restaurant dont la célèbre carte des vins liste 120 crus. À partir de 239$.

**The Biltmore Hotel (D** B4)
*→ 1200 Anastasia Avenue*
*Tél. (305) 445-1926*
*www.biltmorehotel.com*
Un hôtel emblématique, fruit de la fantastique époque du jazz, restauré en 1987 : 273 chambres, un parcours de golf et la plus grande piscine d'hôtel des États-Unis ! Résidents et non-résidents y profitent du célèbre brunch au champagne du dim. À partir de 240$.

## 250-300 $

**The Shore Club (B** D1)
*→ 1901 Collins Avenue (19th St)*
*Tél. (305) 695-3100*
*www.shoreclub.com*
Luxueux et spectaculaire comme tous les hôtels d'Ian Schrager : 325 chambres, 70 suites, 7 bungalows en duplex, une maison, un penthouse avec piscine privée, un spa luxueux et 'incontournable Sky Bar sur le toit !
Une grande piscine à débordement surplombe la plage. Deux restaurants – Ago pour les saveurs toscanes et Nobu, l'un des fameux établissements co-fondés par Robert de Niro, pour le meilleur de la cuisine japonaise – et des boutiques.
À partir de 250$.

**The Ritz-Carlton (B** D2)
*→ 1 Lincoln Road*
*Tél. (786) 276-4100*
*www.ritzcarlton.com*
Conçu en 1953 par Morris Lapidus, un fastueux hôtel en bordure de plage, doté de 376 chambres

## EXCURSIONS DANS LES EVERGLADES

**Miami Metrozoo**
*→ 12400 SW 152nd Street (Miami)*
*Tél. (786) 619-3418*
*Tlj. 9h30-17h30*
Un zoo de 800 espèces, rares ou en voie de disparition, en liberté dans 117 ha, et l'une des plus grandes volières du monde avec 300 genres d'oiseaux.

**Everglades National Park**
*→ 40001 State Road 9336 (Florida City)*
*Tél. (305) 242-7700*
*Entrée principale Tlj. 24h/24*
Cet immense parc abrite 566 580 ha de prairies, de bois, de marécages, de mangroves et d'eau, peuplés d'échassiers multicolores tels le grand héron bleu, d'alligators et de crocodiles – c'est le seul endroit au monde où ils cohabitent !

**Joanie's Blue Crab Café**
*→ 39395 Tamiami Trail (Ochopee)*
*Tél. (239) 695-2682*
*Mar.-ven. 12h-15h ; w.-e. 11h-16h*
Construit au début des années 1900 et décoré de têtes de cerf, de peaux de serpent et de noix de coco, cet authentique restaurant des Everglades sert du mérou de Floride, des *nuggets* d'alligator, des cuisses de grenouilles, du pain indien et des *blue crabs* fournis par un vieux pêcheur d'Everglades City. D'après la fille de Joanie, ours et alligators viennent souvent rôder par ici...